LES PROCÉDÉS D'ENREGISTREMENT DES SIGNAUX DE T. S. F.

A LA MÊME LIBRAIRIE

Curie (Mme Pierre). — **Radioactivité et phénomènes connexes** . . . . 16 »

L. Driencourt. — **Emploi de la T. S. F. pour la détermination des longitudes et de l'unification de l'heure.** 6 »

E. Reynaud-Bonin. — **Acoustique téléphonique** . . . . . . 10 »

R. Jouaust. — **La télégraphie par le sol et les moyens de communications spéciaux** . . . . 6 »

R. Mesny. — **Radiogoniométrie** . . . . 12 »

Eugène Bloch, Maître de conférences à la Sorbonne. — **Les procédés d'enregistrement des signaux de T. S. F.** . . 8 »

J.-B. Pomey, Ingénieur en chef des télégraphes. — **Principes de calcul vectoriel et tensoriel.** . . . . 30 »

Dufour, chargé de cours à la Sorbonne. — **Oscillographe cathodique pour l'étude des basses, moyennes et hautes fréquences** . . . . 8 »

Eugène BLOCH

Les Procédés d'Enregistrement des Signaux de T. S. F.

PARIS
Etienne CHIRON, Éditeur
40, Rue de Seine, 40
1923

LES PROCÉDÉS D'ENREGISTREMENT DES SIGNAUX DE T. S. F.

CHAPITRE PREMIER

INTRODUCTION ET HISTORIQUE

L'enregistrement des signaux de télégraphie sans fil est un problème de télémécanique. On appelle ainsi l'ensemble des procédés qui ont pour but d'actionner un mécanisme à distance. Cette science d'application est aussi vieille que la télégraphie électrique elle-même qui en a été l'origine, mais c'est la découverte de la télégraphie sans fil qui lui a donné la plus puissante impulsion. Aussitôt que Marconi eut montré, en 1895, que l'on pouvait, à plusieurs kilomètres, agir sans fil sur la résistance d'un cohéreur de Branly, on entrevit la possibilité d'actionner à grande distance les mécanismes les plus variés. L'imagination des inventeurs, excitée par la nouveauté et l'importance des effets pratiques à réaliser, se donna libre carrière, et l'on a vu depuis cette époque se multiplier les dispositifs et les brevets.

Le premier et le plus simple de tous les problèmes de télémécanique sans fil, le seul que nous étudierons ici, s'est posé dès l'apparition de la T. S. F. Il s'agissait avant tout, comme dans la télégraphie ordinaire, non pas d'utiliser les signaux pour des fins variées, mais simplement de les employer comme langage conventionnel. Il fallait à cet effet les enregistrer avec un appareil inscripteur, et l'on ne concevait guère la réception sans l'emploi d'un relais électromagnétique qui, sous l'influence des variations de courant dans le cohéreur, actionnait soit un appareil Morse, soit tout au moins un fort électroaimant, comme dans la réception télégraphique au « sounder ».

A cette époque, qui forme la première période de la télégraphie sans fil, on aurait pu penser que celle-ci se développerait comme sa devancière : les enregistrements gagneraient peu à peu en sécurité et en rapidité, on arriverait progressivement aux émissions et aux réceptions accélérées comme celles du Hughes et du Baudot, puis aux émissions et aux réceptions automatiques à grande vitesse.

Or le développement réel de la T. S. F. a été tout différent. Et quand on en suit l'histoire, on ne tarde pas à voir s'ouvrir une seconde période pendant laquelle l'enregistrement des signaux tombe en désuétude et disparaît. Quelques travailleurs isolés continuent bien à se servir du Morse ou d'appareils similaires, et cherchent à les actionner à des distances de plus en plus grandes par l'emploi de relais sensibles. Mais dans l'ensemble la réception se fait par des méthodes nouvelles. L'emploi, au poste d'émission, d'étincelles « ronflées » se succédant à des intervalles de quelques centièmes de seconde pendant l'émission de chaque signal, combiné avec celui des détecteurs à fonctionnement pratiquement instantané (à galène, électrolytique ou magnétique), a rendu possible l'usage du téléphone comme appareil récepteur. Peu après, le remplacement des étincelles ronflées par les étincelles à fréquence musicale améliore tellement le rendement des téléphones que leur usage devient universel, et que l'on renonce à toute inscription des signaux en faveur de la réception au son.

Cette situation s'est, pour de multiples raisons, prolongée jusque vers 1913. En premier lieu, la réception au son, outre sa simplicité extrême, bénéficie de l'extraordinaire sensibilité de l'oreille et de la faculté qu'elle possède de distinguer aisément les signaux musicaux, émis sur une note déterminée, des « parasites » atmosphériques, qui donnent lieu, dans le téléphone, à des claquements secs et dénués de tout caractère musical. En utilisant une antenne de réception de quelque importance, on parvint bientôt à recevoir régulièrement au son les émissions de tous les postes de moyenne puissance, même assez éloignés ; ainsi on entendait à Paris sur l'antenne de la Tour Eiffel tous les gros postes européens. Au contraire, quand on cherchait à inscrire les signaux avec un appareil Morse, la portée était limitée, même pour les postes les plus puissants, à quelques centaines de kilomètres, et il était impossible d'inscrire à Paris, fût-ce avec de bons relais, des postes étrangers que l'on entendait fort bien au téléphone. De plus, les parasites introduisaient de telles perturbations dans les inscriptions que celles-ci devenaient souvent inutilisables à des distances modérées : on n'avait encore en service ni les postes modernes à très grande puissance, qui couvrent en partie les parasites, ni les émissions en ondes entretenues qui permettent, grâce à une syntonie bien meilleure et à diverses combinaisons de circuits, de les atténuer. Enfin, — et c'est là sans doute la considération principale, — les appareils d'émission et de réception étaient trop peu perfectionnés pour que l'on pût espérer faire vraiment de la radiotélégraphie commerciale à grand débit. La manipulation à la main était le seul mode opératoire adapté à l'état imparfait des appareils. Dès lors la réception à l'oreille suffisait à tous les besoins. On renonçait à enregistrer les signaux parce que cela ne servait à rien.

Il importe de signaler cependant que, vers la fin de cette seconde période, dans les années qui vont de 1912 à 1914, divers expérimentateurs ont été amenés, pour des buts purement scientifiques, à reprendre sur de nouvelles bases le problème de l'inscription des signaux et à réaliser les premières inscriptions photographiques. C'est ainsi que la création du Bureau international de l'Heure a posé, en 1912, le problème de l'inscription des signaux horaires, en vue de la détermination précise des longitudes : des solutions utilisant des procédés photographiques sensibles et précis ont été apportées par Henri Abraham, Lucas, etc. H. Abraham, A Dufour et G. Ferrié (1) ont pu également

(1) H. Abraham, A. Dufour et G. Ferrié, *Comptes Rendus*, t. 159, p. 38, 1914.

déterminer la vitesse de propagation des ondes hertziennes à la surface du globe terrestre, en enregistrant, en même temps que les vibrations d'un diapason étalonné, les signaux émis par deux stations de T. S. F. qui correspondaient entre elles. Une série d'expériences a été faite notamment entre Paris et Washington en 1913-1914, et les tracés photographiques obtenus à cette époque figurent parmi les premières inscriptions de signaux transatlantiques. La figure 1 donne la reproduction d'un tracé obtenu à Washington dans la réception des signaux à étincelles ronflées que donnaient à cette époque les émissions de la Tour Eiffel.

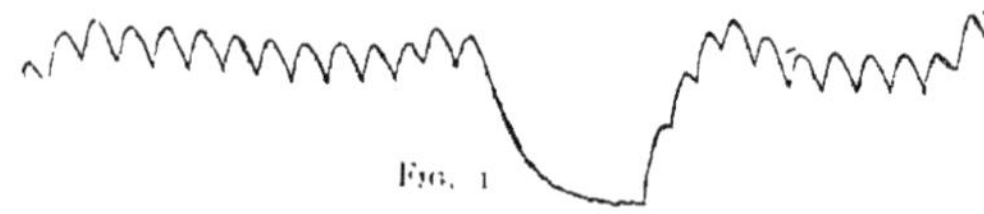

Fig. 1

Ces essais et d'autres analogues utilisaient les anciens détecteurs à cristaux, sans aucun relais ou amplificateur. Aussi les appareils inscripteurs devaient-ils être étudiés avec le plus grand soin et amenés au maximum de sensibilité pour fournir des résultats pratiquement utilisables. Ces efforts n'ont pas peu contribué à mettre au point une partie du matériel d'inscription qui a été mis en œuvre dans la troisième période ou période moderne, qui s'ouvre en 1913.

Cette période commence avec la découverte et l'utilisation des propriétés amplificatrices des « audions » ou lampes à trois électrodes, imagés dès 1906 par Lee de Forest. Ces lampes ayant permis d'amplifier les signaux reçus dans des proportions inconnues jusqu'alors, il est devenu possible de disposer à la réception de puissances suffisantes pour actionner avec beaucoup plus de sécurité les inscripteurs photographiques ou même des appareils d'inscription mécanique plus simples et plus robustes.

En même temps que l'introduction des amplificateurs provoquait une véritable révolution dans les réceptions de télégraphie sans fil, les postes d'émission recevaient aussi des améliorations importantes. Aux émissions par étincelles on substituait progressivement des émissions en ondes entretenues (par arcs, lampes ou machines de haute fréquence) qui permettent une élimination plus complète des parasites. On augmentait aussi beaucoup la puissance d'émission des grands postes, remédiant ainsi au manque de portée. On peut aujourd'hui, à des milliers de kilomètres, de Paris à Washington par exemple, faire fonctionner un téléphone récepteur en haut parleur, sans être notablement gêné par les parasites. Les ondes reçues suffisent largement à actionner un enregistreur mécanique : on a donc éliminé l'une après l'autre les causes qui avaient provoqué la disparition des méthodes d'inscription.

Mais la raison essentielle qui a ramené le problème de l'inscription au premier plan de l'actualité, est la suivante. Les perfectionnements successifs des appareils d'émission et de réception ont rendu possible une exploitation vraiment commerciale. Cette exploitation, commencée dans certains pays depuis une dizaine d'années, a reçu de la guerre une impulsion considérable. Il est devenu, à ce moment, très utile et quelquefois indispensable de compléter les relations télégraphiques internationales par l'adjonction de relations radiotélégraphiques régulières et rapides (1). La nécessité a conduit à remplacer les émissions lentes, faites avec un manipulateur à main à raison de 10 ou 15 mots à la minute, par des émissions automatiques, faites mécaniquement avec une vitesse de 40 ou 50 mots à la minute. Dès lors l'enregistrement des signaux à la réception devient obligatoire : l'oreille ne peut plus les suivre et doit être remplacée par un appareil inscripteur.

(1) Nous rappellerons l'exemple de l'Allemagne qui, avant l'entrée en guerre des États-Unis, est restée en relations avec eux par communications radiotélégraphiques quotidiennes, souvent avec émissions automatiques. Il en a été de même pour l'Allemagne et l'Espagne, les Alliés et la Roumanie, etc. Aujourd'hui les relations télégraphiques des nations coloniales avec leurs colonies éloignées sont le plus souvent assurées par sans fil.

Actuellement la continuation de l'effort, commencé pendant la guerre, pour porter au maximum la capacité de transmissions des signaux, est devenue, pour les postes extra-puissants que l'on a nouvellement construits, une nécessité commerciale impérieuse. Le prix de revient et les frais d'exploitation de ces postes ont en effet tellement augmenté, que l'on risquerait autrement d'aboutir à une exploitation déficitaire. Aussi sommes-nous en train d'assister à une nouvelle évolution des gros postes de T. S. F. vers les transmissions et les réceptions à grande vitesse, c'est-à-dire vers les émissions faites automatiquement (avec bandes perforées ou par tout autre moyen) et les réceptions enregistrées avant lecture. Les vitesses de 50 mots à la minute sont déjà courantes. On commence à faire des essais à raison de 100, de 200, même de 500 mots à la minute. C'est là évidemment qu'est l'avenir de la radiotélégraphie commerciale à grande portée.

Les transmissions lentes avec réception au son ne disparaîtront évidemment pas pour cela. A cause de la simplicité et de la commodité des appareils, elles subsisteront pour les postes de moyenne et de faible puissance, pour les usages militaires, etc. (1). Il en sera de même qu'en télégraphie ordinaire, où les Baudot des centraux télégraphiques n'ont pas fait disparaître les Morse des petits bureaux. Mais peut-être arrivera-t-on, même dans certains postes moyens ou petits, à inscrire les télégrammes, afin de conserver pendant un certain temps un document écrit, comme en télégraphie ordinaire.

(1) Il ne faut pas négliger de remarquer que la diffusion de plus en plus grande des appareils récepteurs de *téléphonie sans fil* donne un grand regain d'intérêt à la réception au son.

CHAPITRE II

CLASSIFICATION DES MÉTHODES D'ENREGISTREMENT

Une classification rationnelle des méthodes d'enregistrement des signaux de télégraphie sans fil doit reposer sur la nature de l'appareil inscripteur. Dans toutes les méthodes, en effet, les signaux reçus, plus ou moins amplifiés suivant les besoins, agiront en fin de compte sur un inscripteur d'un modèle déterminé, et l'ensemble des appareils de réception devra être adapté au fonctionnement de cet inscripteur : c'est ce fonctionnement qui régit toute la réception et qui caractérise par suite le système d'enregistrement.

On peut, d'après cela, diviser les méthodes d'inscription en trois groupes principaux :

1° Les méthodes acoustiques ;

2° Les méthodes photographiques ;

3° Les méthodes d'inscription mécanique.

a) *Méthodes acoustiques.* — Le premier groupe de méthodes utilise, en dernière analyse, la lecture au son, comme dans la réception ordinaire au téléphone. On a ainsi le premier avantage de trouver sans peine un personnel exercé. D'autre part l'oreille est un récepteur des plus sensibles, qui perçoit des signaux même faibles, et qui, grâce à une éducation convenable, sait choisir au milieu de bruits variés, celui qu'elle doit entendre. Elle élimine assez bien les parasites et les brouillages, s'ils ne sont pas trop forts, par un triage plus ou moins conscient des signaux, et cette qualité permet de simplifier assez notablement les appareils récepteurs.

Quant à l'appareil inscripteur lui-même, ce peut être d'abord un *phonographe*.

S'il s'agit, par exemple, de recevoir des signaux assez rapides pour qu'il ne soit plus possible de les lire par écoute directe dans un téléphone, on fera parler ce téléphone devant un phonographe dont le rouleau tourne assez vite. En faisant ensuite la reproduction à vitesse de rotation réduite, on pourra lire au son à la manière ordinaire.

On peut utiliser de la même manière le *télégraphone*. Devant l'électroaimant de l'appareil récepteur se déplace un fil de fer sur lequel les variations du courant téléphonique de réception s'inscrivent par des variations d'aimantation correspondantes. Un nouveau passage à vitesse réduite du fer à aimantation variable devant un électroaimant relié à un écouteur téléphonique ordinaire permettra d'entendre les signaux et de les lire à la manière habituelle.

b) *Méthodes photographiques*. — Le récepteur téléphonique ordinaire est remplacé par un galvanomètre, ou par un électromètre, ou par un téléphone à miroir, dont l'organe mobile doit être aussi léger et aussi bien amorti que possible, afin de suivre sans retard et fidèlement les signaux même rapides. L'inscription se fait au moyen d'un faisceau lumineux qui est envoyé vers l'organe vibrant, et vient faire ensuite sa trace sur une bande photographique mobile à angle droit des mouvements de l'image. Le tracé obtenu se compose d'une ligne continue, qui reste rectiligne en l'absence de signaux (ligne de zéro) et qui se déplace ou change d'aspect lors du passage d'un signal. On a ainsi l'avantage de la sensibilité et de la rapidité extrêmes que possèdent les appareils électriques modernes à faible inertie lorsqu'ils sont bien étudiés, mais aussi les ennuis des suspensions délicates et des manipulations photographiques.

Ce groupe d'enregistreurs paraît être le mieux adapté aux usages scientifiques, et, bientôt peut-être, grâce aux progrès incessants de la technique, aux usages commerciaux. On peut les classer d'après la nature de l'appareil électrique dont les mouvements viennent s'inscrire sur la bande sensible.

Cet appareil peut être un électromètre, par exemple l'*électromètre à corde* de Wulf, ou un *galvanomètre à corde* d'Einthoven, ou un *galvanomètre à cadre mobile* (H. Abraham, Turpain), ou encore un *galvanomètre à résonance* (Alexanderson).

c) Inscriptions mécaniques. — Enfin les progrès de l'émission et la découverte des amplificateurs à lampes permettent aujourd'hui de disposer à la réception de puissances suffisantes pour actionner un relais robuste ou attirer l'armature d'un électroaimant assez fort. On peut en profiter pour inscrire directement les signaux avec une plume sur une bande de papier qui se déroule, ou pour faire fonctionner la palette d'un Morse ou d'un relais Baudot. Bien entendu, si l'on utilise un relais, celui-ci devra être choisi de manière à ne pas introduire par son fonctionnement de perturbations dans la réception : nous indiquerons plus loin quelques-unes des solutions proposées.

Alors que les appareils des groupes précédents n'exigent que des courants redressés de l'ordre du microampère, les inscripteurs à plume nécessitent à peu près un milliampère. Le Morse et le Baudot demandent plusieurs milliampères. Il n'y a plus de difficulté à les leur fournir, grâce aux amplificateurs.

Les appareils à plume inscriront, soit à l'encre sur papier blanc, — c'est le cas des appareils dérivés du *siphon-recorder*, comme les ondulateurs ou les galvanomètres à électroaimant (Lodge et Muirhead, H. Abraham, Turpain, etc.) — soit sans aucune encre sur papier enfumé : c'est le cas de l'*oscillographe magnétique à plume* de H. Abraham et E. Bloch. Les déplacements de la plume, comme ceux du rayon lumineux dans les inscriptions photographiques, se feront à angle droit du mouvement du papier. Les longues et les brèves des signaux inscrits se traduiront par des déplacements plus ou moins prolongés de la plume à partir de la ligne d'équilibre. On a ainsi l'avantage de ne pas être gêné par les parasites isolés : ceux-ci, à cause de leur durée extrêmement courte, donnent lieu à un brusque et bref crochet sur la courbe, qui n'empêche pas la lecture.

L'*appareil Morse*, au contraire, inscrira par points et par traits à la manière ordinaire : les parasites pourront troubler plus aisément l'inscription, en donnant des points supplémentaires ou en altérant le tracé des traits. Nous verrons comment on a pu néanmoins rendre son usage assez pratique, grâce à l'emploi d'amplificateurs spéciaux (H. Abraham et E. Bloch). On voit qu'avec l'appareil Morse nous sommes revenus aujourd'hui au point de départ de la T. S. F. Mais la perfection des résultats obtenus permettra de juger de l'importance des progrès accomplis.

A partir du moment où le fonctionnement d'un inscripteur à plume ou d'un appareil Morse devient suffisamment régulier, c'est-à-dire où l'on sait manœuvrer avec sécurité l'armature d'un électroaimant assez puissant, il n'y a plus qu'un pas, relativement simple à franchir, pour actionner par T. S. F. un appareil télégraphique du type Hughes ou Baudot, qui inscrit directement sur une bande de papier des lettres ordinaires par l'intermédiaire d'une roue des types. On peut même aborder, comme la pratique l'a montré, des problèmes de télémécanique encore plus compliqués. Toute la question se réduit à une suppression assez parfaite des parasites pour rendre possible un bon synchronisme entre l'émission et la réception. Les essais tentés dans cette voie par Henri Abraham en France avec des *appareils Baudot*, par Creed en Angleterre avec des *appareils Wheatstone*, et par d'autres encore sont des plus encourageants, et ouvriront sans doute définitivement la voie aux transmissions commerciales à grand débit.

Les chapitres suivants seront consacrés à l'étude plus détaillée des divers types d'appareils dont nous venons de faire la classification, en insistant surtout sur ceux qui paraissent pouvoir présenter des avantages pratiques.

CHAPITRE III

MÉTHODES ACOUSTIQUES

A. — PHONOGRAPHIE

Sa commodité l'a fait utiliser dans bien des postes de T. S. F. Le poste de Sayville (Etats-Unis) a employé pendant la guerre le phonographe Edison sous la forme que les commerçants utilisent pour dicter leurs lettres (dictaphone). Les postes français ont employé le phonographe Pathé convenablement agencé. Les appareils français ont été étudiés au poste militaire de la Tour Eiffel sous la direction de M. le commandant Brenot, à l'obligeance duquel je dois les renseignements qui suivent.

L'enregistreur est en principe le gramophone à rouleau de cire cylindrique. Lorsqu'on veut inscrire la parole ordinaire, on parle devant une embouchure qui se termine à un diaphragme porte-saphir : un premier saphir à tête ronde porte le poids du diaphragme et de l'embouchure, un second, à tête convenablement taillée, inscrit les vibrations du diaphragme dans le faible sillon creusé par le premier. On a commencé par remplacer simplement l'embouchure par un bout de tube de caoutchouc gros et court, formant tuyau sonore, à l'autre extrémité duquel était fixé un téléphone Brown. Ce dernier recevait les signaux amplifiés provenant de l'antenne, et les chantait, en quelque sorte, à son tour dans le tuyau sonore, faisant ainsi vibrer le diaphragme porte-saphir. Comme il s'agissait de transmissions en ondes entretenues, on pouvait régler, par une hétérodyne, la note du téléphone : le téléphone et le tuyau sonore devaient, bien entendu, être accordés séparément sur cette note. L'amplification ne doit pas être trop forte, afin d'éviter de faire trop vibrer le diaphragme. La cire doit être entaillée très légèrement et la température maintenue vers 18°-20°.

Par la suite, le système a été perfectionné de la façon suivante : le téléphone est remplacé par un électroaimant d'un modèle tout-à-fait spécial, dont l'armature vibrante porte directement le saphir inscripteur. On évite ainsi un intermédiaire inutile, l'air du tuyau sonore, et la perte d'énergie qui en résulte. La forme du saphir a été choisie avec soin et diffère de celle des saphirs ordinaires. On ne tient pas ici en effet à la reproduction du timbre pour des sons toujours assez intenses, mais à l'inscription, avec un timbre quelconque, de sons même faibles, d'une hauteur parfaitement déterminée. La note choisie pour l'inscription est très aiguë. On la sélectionne soigneusement et la rend aussi pure que possible en intercalant, entre le détecteur et l'amplificateur de basse fréquence, un circuit oscillant (self à noyau de fer réglable et capacité) qui soit en résonance sur la note en question (1), et en accordant sur elle la plaque vibrante de l'électro inscripteur.

Il faut, en effet, pour la lecture ultérieure, faire dérouler une seconde fois le cylindre à vitesse réduite, en recevant le son dans des écouteurs reliés à un diaphragme reproducteur. La hauteur de la note de lecture sera donc beaucoup moindre que celle de la note d'inscription, et elle ne doit pas néanmoins être trop grave. L'emploi d'une note d'inscription suraiguë a, d'autre part, l'avantage d'atténuer les bruits parasites, qui sont d'ailleurs loin d'être supprimés : c'est l'oreille qui, en dernière analyse, se charge de faire le tri. Après lecture, le cylindre est passé à la raboteuse et il peut servir à nouveau.

La réception des transmissions automatiques (Nauen, etc.) s'est faite d'abord à la Tour Eiffel par ce moyen. On a reçu de même les automatiques américains (40 mots à la minute)

(1) Ce système a été décrit sous le nom de *sélecteur* par H. Abraham et E. Bloch. Voir *Annales de Physique*, 9e série, t. XII, p. 248, 1919.

à Palaiseau, à Orléans, etc., avec de grands cadres à une spire convenablement orientés, associés à des amplificateurs (6 à 7 étages d'amplification en général).

Les inconvénients principaux de la réception au phonographe sont les suivants : la vitesse de fonctionnement reste malgré tout limitée et ne saurait que difficilement suffire aux besoins actuels. De plus chaque cylindre ne sert que pendant quelques minutes et ne peut être remis en service qu'un assez petit nombre de fois, ce qui occasionne des frais assez considérables. Ce mode d'inscription doit être regardé comme un stade intermédiaire entre l'ancienne réception au son et les inscriptions proprement dites auxquelles nous arriverons plus loin.

B. — TÉLÉGRAPHONE

Le télégraphone de Poulsen (1) peut être appelé un phonographe à inscription magnétique. Son principe est le suivant : un ruban d'acier mince (3 $^{m}/_{m}$ sur 0,05 $^{m}/_{m}$ par exemple), enroulé sur un tambour, se déroule avec une vitesse constante de l'ordre du mètre par seconde et va s'enrouler à nouveau sur un second tambour analogue au premier. Dans l'intervalle il passe entre les pôles d'un électroaimant légèrement polarisé de dimensions assez faibles, qui va jouer ici le rôle du téléphone de réception de sans fil. Les courants variables qui circulent dans l'électroaimant vont provoquer dans le ruban d'acier des aimantations correspondantes qui subsisteront dans l'acier à cause de son magnétisme rémanent.

L'inscription magnétique ayant été obtenue, il suffira de faire dérouler à nouveau le ruban devant un nouvel électro semblable au premier et relié à un écouteur téléphonique ordinaire, pour entendre dans celui-ci une reproduction fidèle des sons qui avaient produit les variations de courant dans l'électro primitif.

Il est évident qu'en faisant varier la vitesse de déroule-

(1) Valdemar POULSEN, *Journal de Physique*, t. 9, p. 655, 1900.

ment entre le moment de l'inscription et celui de la lecture, on pourra, comme avec le phonographe, rendre lisibles des réceptions de sans fil faites à grande vitesse.

Pour se servir du même ruban d'acier à plusieurs reprises, il faut « effacer » l'inscription magnétique. On obtient pratiquement ce résultat, en soumettant le ruban à l'action d'un troisième électro alimenté par du courant continu, et créant un champ convenable de sens opposé à celui qui avait servi pour l'inscription. Si ce champ est suffisant, son action produit une aimantation uniforme de sens opposé à la première et fait disparaître complètement les effets de celle-ci.

Il a été fait, paraît-il, dans divers postes de sans-fil, en particulier aux Etats-Unis (poste de Tuckerton) des inscriptions de signaux par ce procédé. Nous ne possédons aucun détail sur les installations et sur les résultats obtenus. Il ne semble pas cependant qu'une préférence quelconque se soit manifestée pour ce système, par comparaison avec le phonographe ou avec d'autres méthodes auxquelles nous allons arriver.

CHAPITRE IV

MÉTHODES PHOTOGRAPHIQUES

Comme nous l'avons dit dans l'introduction, les premières mises au point des procédés photographiques pour la radiotélégraphie sont à peu près contemporaines du mouvement scientifique qui a accompagné le développement des services de signaux horaires, et qui a été marqué par la réunion à Paris, en 1912, d'une conférence internationale et par la fondation du Bureau international de l'Heure.

Indépendamment de la question de la réception commerciale des messages, une nouvelle question venait en effet de se poser. Il s'agissait de déterminer, avec le maximum de précision possible, l'instant de l'arrivée d'un signal de T. S. F., en vue d'une comparaison d'horloges ou de la détermination d'une différence de longitudes. Il était certain qu'un enregistrement photographique devait donner plus d'exactitude qu'une réception à l'oreille.

On a alors proposé et employé avec succès soit l'électromètre à corde, soit le galvanomètre à corde, soit le galvanomètre à cadre mobile (1). Quelques années plus tard, la découverte des amplificateurs permettait de réaliser les mêmes inscriptions avec des appareils de type similaire, mais plus robustes et plus rapides.

---

(1) *Conférence internationale de l'heure, Procès-verbaux des séances*, Communications de MM. H. ABRAHAM, LUCAS, WULF, etc., 1912.

1. — ÉLECTROMÈTRE A CORDE

Cet instrument a été construit et étudié par Wulf (2). Sous sa forme primitive, c'est un électroscope à feuilles d'or dans lequel les feuilles sont remplacées par deux fils métalliques fins. Les fils, réunis entre eux à leur partie inférieure, sont tendus par un poids ou un ressort très faible. On mesure leur écartement vers le milieu de leur longueur au moyen d'un microscope. Comme dans tous les électromètres, la sensibilité est beaucoup accrue si l'on passe du montage en idiostatique au montage en hétérostatique, en d'autres termes si l'on introduit dans la cage de l'instrument, au voisinage des fils mobiles, des plateaux auxiliaires chargés à un potentiel assez élevé. On peut alors remplacer les deux fils par un fil unique, soumis simplement à l'action du champ électrique auxiliaire. On arrive ainsi à un électromètre unifilaire, au lieu de l'électromètre bifilaire initial.

L'appareil a été utilisé sous cette dernière forme par Wulf et par Lucas (3), en vue de l'enregistrement des signaux horaires. Les résultats obtenus ont été présentés à la Conférence internationale de l'Heure, en 1912.

Le fil mobile ou corde de l'électromètre est un fil de quartz métallisé par pulvérisation cathodique et tendu entre deux plateaux métalliques rapprochés entre lesquels on établit une différence de potentiel de 500 volts environ avec une batterie auxiliaire. La corde est projetée par un microscope sur la bande de papier photographique mobile, son image apparaît comme un point noir sur fond lumineux. On peut ainsi enregistrer d'une façon continue les variations de potentiel de la fibre de quartz. Un réglage convenable de la tension du fil permet de faire varier la sensibilité entre de larges limites ; elle peut atteindre le millivolt.

Le détecteur est au carborundum, et l'électromètre est

(2) Wulf, *Physikalische Zeitschrift*, 1907, 1909, 1910, passim.
(3) Lucas, *Revue des questions scientifiques*, janvier 1913, Louvain.

placé en parallèle avec le condensateur du circuit de réception monté en Oudin.

Les amplificateurs n'étaient pas connus à l'époque où les expériences ont été faites, et ils étaient inutiles, puisqu'il s'agissait seulement d'inscrire à Louvain les signaux de la Tour Eiffel ou de Norddeich (quelques centaines de kilomètres). La portée pourrait assurément être fortement augmentée grâce à l'emploi des amplificateurs. Il ne semble pas cependant que, dans ces dernières années, on ait tenté de développer l'emploi de l'électromètre. Il ne paraît pas présenter d'avantages par rapport aux galvanomètres dont il va être question et dont l'emploi est susceptible d'une plus grande extension.

B. — GALVANOMÈTRE A CORDE

Le galvanomètre à corde d'Einthoven (1) est un appareil dans lequel l'organe mobile est encore un fil fin conducteur ou corde tendu dans un champ magnétique. On obtient ainsi, comme dans l'électromètre de Wulf, une grande rapidité de fonctionnement grâce à la faible inertie du fil.

Le fil est en or ou mieux en quartz argenté. Sa tension peut être réglée, ce qui règle en même temps la sensibilité. Le champ magnétique est produit par un aimant ou mieux par un électroaimant. Les déplacements du fil ont lieu à angle droit de la direction du champ et sont projetés par un microscope sur une bande photographique. La sensibilité est extrême : on peut arriver à mesurer des courants de 10^{-11} ampères. Dans la pratique une sensibilité 100 fois plus faible suffira encore pour beaucoup de réceptions de T. S. F.

Le montage le plus simple consiste à placer le galvanomètre en parallèle avec le téléphone de réception ou à la

(1) EINTHOVEN, *Annalen der Physik*, 12, p. 1059, 1903 ; 14, p. 182, 1904 ; 21, p. 483 et 665, 1906.

place de ce téléphone. On inscrira ainsi sur la bande photographique les signaux, quelle que soit leur rapidité.

Le galvanomètre à corde semble avoir été employé dès 1910 par Poulsen et Pedersen (1), entre l'Irlande et Copenhague, et en 1912 par la Compagnie Marconi pour recevoir à Clifden (Irlande) les signaux de Glace Bay (Canada). C'est sans doute là un des premiers enregistrements de radiotélégrammes transatlantiques. Lucas (2) s'en est servi à la même époque pour l'inscription à Louvain des signaux horaires français ou allemands. Turpain (3) l'a utilisé dans le même but à Poitiers. Le champ de ses applications à la sans fil paraît loin d'être épuisé : sa rapidité de fonctionnement le désigne tout naturellement pour l'enregistrement des automatiques à grande vitesse.

C. — GALVANOMÈTRE A CADRE MOBILE

L'adaptation de cet appareil bien connu aux inscriptions de sans fil a été faite à peu près entièrement en France. Elle est due, pour les communications à très longue portée, à Henri Abraham (4) qui, dès le printemps de 1913, et surtout dans l'hiver 1913-1914, a enregistré par ce procédé des signaux de T. S. F. entre Paris et Washington. Les travaux antérieurs de H. Abraham et de Turpain (5) avaient montré déjà que le galvanomètre à cadre mobile fournit la possibilité d'enregistrer les signaux hertziens à des centaines de kilomètres.

Le cadre du galvanomètre peut être muni d'une plume inscrivant directement sur une feuille de papier (Lodge et Muirhead, H. Abraham, Turpain), ou d'un contact destiné

(1) D'après une communication de Campbell Swinton dans *The Wireless World* du 29 octobre 1921, p. 469.

(2) Lucas, *loc. cit.*

(3) Turpain, *Comptes Rendus*, 156, p. 615, 1913.

(4) H. Abraham, *Conférence internationale de l'heure*, octobre 1912 ; *Bulletin de la Société des Electriciens*, 3, p. 699, 1913 et 4, p. 295, 1914.

(5) Turpain, *Comptes Rendus*, 156, p. 454, 615, 768, 1150, 1312, année 1913.

à fermer un relais et à actionner un Morse (Turpain). Nous reviendrons plus loin sur ces modes d'inscription purement mécaniques, qui nécessitent une puissance relativement grande. Mais le mieux est de munir le cadre d'un miroir et de faire l'inscription par voie photographique, ainsi que nous allons le voir.

Nous renvoyons pour la description du détail des dispositifs à la bibliographie indiquée en note à la page précédente. Voici simplement quelques indications sur le galvanomètre à électroaimant de H. Abraham, qui paraît avoir atteint la sensibilité maximum et a permis de réaliser les inscriptions transatlantiques.

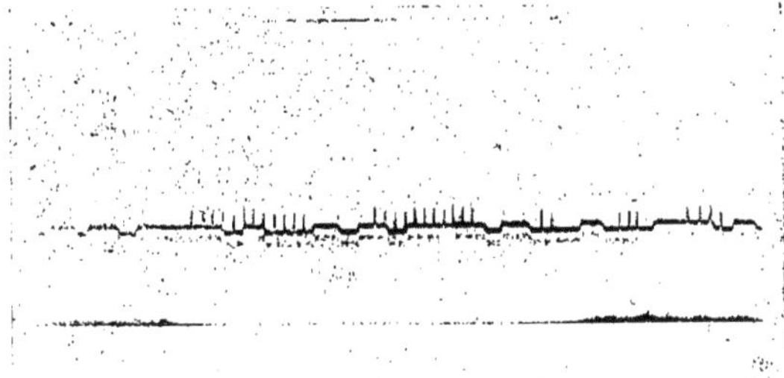

Fig. 2

Le cadre, à fil très fin (cuivre émaillé de 3/100e m/m de diamètre) a une forme allongée et étroite. Il a été calculé pour donner la sensibilité maximum avec l'inertie minimum. Il est placé entre les pôles d'un électroaimant du type Weiss à pôles rapprochés et à champ magnétique intense (10.000 à 20.000 gauss). Il porte un très petit miroir et sa résistance peut atteindre quelques centaines d'ohms. La sensibilité était de l'ordre de 1 % par dixième de microampère sur la bande photographique placée à 1 mètre du miroir.

La figure 2 montre une photographie obtenue avec cet appareil lors d'une réception de sans fil. On y voit la réception simultanée de deux télégrammes provenant l'un d'une émission « musicale » et l'autre d'une « ronflée » : on distingue bien les deux émissions (1), et la ronflée se détache de la musicale comme feraient des parasites atmosphériques.

Dans les expériences faites entre Paris et Washington, la sensibilité a atteint 24 centimètres par microampère sur le papier photographique. Le retour au zéro se fait néanmoins en un temps de l'ordre du dixième de seconde, et la finesse des inscriptions ne laisse rien à désirer. Il ne paraît guère possible d'aller plus loin dans cette voie. A la réception on utilisait comme détecteur une galène, avec couplage en Tesla, sans amplificateur. Les émissions de la Tour Eiffel donnaient à Washington des déviations de l'ordre du centimètre. Il en était de même en sens inverse.

Les expériences avaient un but scientifique : détermination exacte de la différence de longitude entre Paris et Washington, et aussi mesure directe de la vitesse de propagation des ondes hertziennes à la surface de la terre. Cette dernière application, réalisée avec la collaboration de Dufour et de Ferrié (voir page 7), montre toute la sensibilité dont le procédé est susceptible. La vitesse à mesurer étant voisine de 300.000 kilomètres par seconde, les ondes mettent environ 0,02 secondes à parcourir les 6.000 kilomètres qui séparent les deux stations. La netteté des tracés photographiques est telle que la différence des époques de départ et d'arrivée d'un même signal à Paris et à Washington peut être lue sur la bande photographique à moins d'un millième de seconde près, ce qui fournit une précision déjà très acceptable pour la mesure de la vitesse.

Il est évident que ces dispositifs, ainsi que les dispositifs similaires de Turpain, pourraient servir à l'inscription des transmissions automatiques, même à grande vitesse. Leur combinaison avec les amplificateurs à lampes permettrait en effet d'utiliser des appareils moins sensibles et de leur donner une suspension plus robuste et une période propre beaucoup plus courte. On pourrait aussi remplacer le gal-

(1) Ce cliché a été pris, par inadvertance, avec un très grand excès de lumière, et le tracé est encombré par les réflexions parasites sur les deux faces du miroir galvanométrique.

vanomètre à cadre mobile par l'oscillographe de Blondel. C'est à une solution un peu différente que s'est arrêté Alexanderson, comme nous allons le voir.

D. — GALVANOMÈTRE A RÉSONANCE

Tous les galvanomètres possèdent une période d'oscillation propre. Si on les alimente par un courant alternatif de même période, l'amplitude de leurs oscillations peut devenir très grande par suite d'un phénomène de résonance. Cette remarque a été utilisée depuis longtemps pour mesurer certains courants alternatifs avec des galvanomètres à courant continu (André Blondel, etc.).

Avec un galvanomètre à faible inertie la fréquence de résonance peut être assez élevée, et on peut alors, en travaillant sur cette fréquence, se proposer de mesurer ou d'inscrire des courants alternatifs à variation d'intensité assez rapides. C'est un instrument de ce type qui a été mis en service pour l'enregistrement des signaux de T. S. F. aux Etats-Unis par la General Electric Company, sous la direction d'Alexanderson.

Avant d'en donner la description, rappelons qu'une des difficultés importantes qui se présentent dans les postes d'émission à grande puissance est celle de la « manipulation ». Il s'agit en effet de manœuvrer un courant d'antenne qui peut atteindre des centaines d'ampères, et cela à très grande vitesse lors des émissions automatiques. Malgré l'emploi de relais superposés, on risque toujours des collages dus aux étincelles ou aux arcs qui jaillissent sur les contacts qui se séparent. Les meilleurs manipulateurs automatiques ordinaires ne permettent que difficilement de dépasser une vitesse d'émission de 50 mots à la minute.

Une élégante solution de cette difficulté a été fournie par l'amplificateur magnétique (magnetic amplifier) d'Alexanderson. Nous n'avons pas à décrire ici cet appareil. Le seul fait qui nous importe est que, grâce à lui, la rapidité des émissions automatiques a pu être fortement augmentée. Au lieu d'envoyer 50 mots à la minute, on peut aller à 100, à 200, bientôt peut-être au delà.

La rapidité des enregistreurs de réception doit être choisie en conséquence. Il semble vraisemblable, comme nous l'avons dit, qu'un galvanomètre à corde ou à cadre convenablement monté permettrait de résoudre le problème. La General Electric Company a préféré un enregistreur assez notablement différent, spécialement étudié par Hoxie (1), et qui n'est au fond qu'un galvanomètre à résonance. En voici le principe.

Une mince lame de fer est tendue entre les pôles de deux électroaimants polarisés, dans l'enroulement desquels passe le courant à enregistrer. La lame vibre sous l'influence de ce courant alternatif et communique par un fil métallique son mouvement à un arbre léger portant un miroir. La fréquence propre de la lame de fer est assez élevée (2.000 environ) et l'appareil fonctionne comme galvanomètre à résonance sur cette période. Il remplace le téléphone de réception pour la sans fil. Comme on reçoit les ondes entretenues à l'hétérodyne, il est facile de régler la note de battements de manière à se mettre en résonance sur la note propre du récepteur. D'autre part comme le récepteur est précédé d'amplificateurs de basse fréquence, on choisira ceux-ci de manière à sélectionner également, par des résonances électriques, la note entendue. On arrive ainsi à se mettre assez bien à l'abri des brouillages et même des parasites. On a vérifié qu'à ce dernier point de vue la fréquence 2.000 qui a été adoptée était bien préférable à la fréquence 1.000 : les mêmes signaux, reçus à un moment où il existait des perturbations atmosphériques, étaient illisibles avec la fréquence 1.000 et très nets avec la fréquence 2.000.

On voit que, dans sa partie électrique, l'appareil participe non seulement du galvanomètre à résonance, mais du relais polarisé et du monotéléphone à note réglable. Son originalité réside surtout dans le mode de transmission mécanique

---

(1) Hoxie, *Proceedings of the Institute of Radioengineers*, 9, p. 506, 1921 ; voir aussi : *L'Onde électrique*, t. I, p. 197, 1922.

du mouvement vibratoire au miroir. Dans les premiers modèles, l'arbre portant le miroir pivotait dans deux crapaudines en pierre dure. Dans le dernier modèle il a été remplacé par un couteau d'acier s'appuyant au fond de deux V en pierre dure. Ce couteau est maintenu dans sa position par un aimant placé derrière les V, ce qui réalise un pivotage presque parfait et à inertie extrêmement réduite. L'inscription se fait sur une bande photographique avec développement automatique. La réception peut d'ailleurs être contrôlée à l'oreille et par la vue. Dans ce dernier but, le miroir réfléchit deux rayons distincts provenant de deux

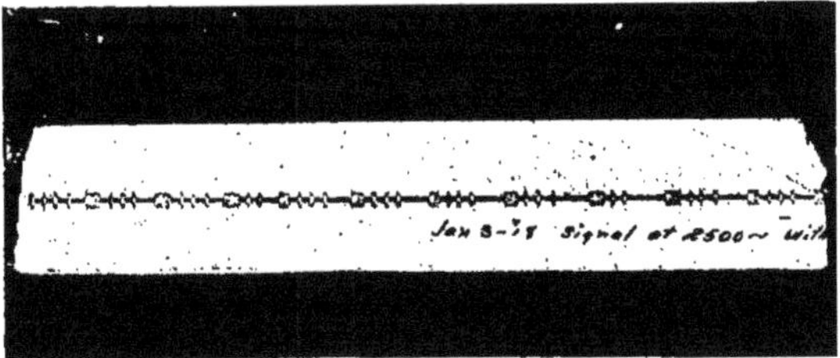

FIG. 3

lampes. Le premier impressionne la bande, le second s'observe dans une chambre noire. Les bandes ont une longueur de 305 mètres et peuvent enregistrer 10.000 mots. La figure 3 représente un fragment d'une de ces bandes et donne une idée de l'aspect des inscriptions.

Lorsque la résonance est soigneusement réglée, la sensibilité atteint 3/10e de microampère par millimètre de déviation sur l'image. Dans les essais faits au laboratoire, on a pu réaliser des enregistrements à la cadence de 600 mots à la minute. A la fréquence de 100 mots, la durée d'un point correspond encore à 24 vibrations de la lame, et il suffit de 4 vibrations pour que celle-ci atteigne son régime permanent d'oscillation.

En réception réelle on a pu recevoir des stations peu éloignées jusqu'à la cadence de 250 mots à la minute, mais pour les réceptions de stations européennes, Lyon en particulier, on a dû se borner à une cadence de 50 mots. La réception se faisait sur cadre de 3 mètres sur 6, possédant 10 tours de fil. Le système paraît appelé à rendre de réels services pour la radiotélégraphie transatlantique à grand débit.

CHAPITRE V

AMPLIFICATEURS ET RELAIS SPÉCIAUX POUR LES INSCRIPTIONS DE T. S. F.

Les inscriptions mécaniques de T. S. F., dont il nous reste à faire l'étude, n'ont pu être mises au point qu'à une époque toute récente. Elles nécessitent en effet des puissances relativement grandes que l'on n'obtient commodément qu'avec des amplificateurs.

Ces méthodes d'inscription sont cependant celles auxquelles on avait songé en premier lieu dans l'histoire de la T. S. F. Dès les débuts on cherchait à inscrire les signaux avec des relais sensibles actionnant un appareil Morse. Grâce à des relais galvanométriques de mieux en mieux établis, la portée des inscriptions a pu être étendue progressivement. En 1913, à Poitiers, Turpain (1) réussissait ainsi à inscrire au Morse les signaux de la Tour Eiffel. En 1914, les signaux horaires de Paris étaient inscrits de la même manière à Madrid par Brañas (2). Mais, comme on l'a expliqué plus haut, les perturbations apportées par les parasites atmosphériques à ces inscriptions par points et par traits devaient leur enlever toute valeur pratique. Seuls les perfectionnements apportés à la réception en général et à l'élimination des parasites en particulier par les amplificateurs

---

(1) Turpain, *Comptes Rendus*, 156, *loc. cit.*, 1913.
(2) Branas, *Société de Physique espagnole*, t. 12, p. 295, 1914.

puissants sans relais mécaniques ont permis, comme nous le verrons, d'utiliser le Morse avec quelque sécurité.

Les galvanomètres à plume ont aussi été essayés depuis longtemps. Déjà en 1903, Lodge et Muirhead (3) avaient montré que le cohéreur de Branly, associé à un relais, permet d'actionner un siphon recorder. Ils avaient ainsi transmis des communications à quelques centaines de kilomètres. Turpain a inscrit à Poitiers les signaux de la Tour Eiffel avec un microampèremètre enregistreur à plume (1911 à 1913). L'inscription, au lieu de se faire à l'encre, peut même se faire par voie chimique ou électrochimique.

Sans méconnaître l'intérêt de toutes ces tentatives, il faut reconnaître qu'elles n'ont plus aujourd'hui qu'une valeur historique. L'intérêt s'est reporté en premier lieu sur les procédés d'amplification qui sont nécessaires pour donner au fonctionnement des inscripteurs mécaniques une sécurité de fonctionnement suffisante, et en second lieu sur la création de types d'instruments inscripteurs plus robustes et plus rapides que ceux que l'on pouvait utiliser autrefois.

Nous allons, dans le chapitre actuel, étudier d'abord avec quelque détail les principaux types d'amplificateurs spéciaux qui ont été établis en vue des inscriptions mécaniques de T. S. F. et ensuite quelques-uns des relais destinés au même usage.

Dans les réceptions au téléphone des signaux de télégraphie sans fil, les amplificateurs de réception amplifient et détectent d'abord la haute fréquence. Le courant détecté est encore un courant variable de fréquence musicale correspondant soit à la fréquence des étincelles d'émission, soit à la fréquence des battements avec l'hétérodyne, si l'on reçoit des ondes entretenues.

Supposons que le courant de fréquence musicale, que l'on se contente en général d'amplifier à son tour et d'écouter au téléphone, soit à son tour détecté : le courant redressé variera encore suivant le rythme des points et traits

(3) Lodge et Muirhead, *Electrician*, mars 1903.

Morse qui constituent les signaux (figure 4). Si l'émission est faite avec un manipulateur à main, ces variations seront tout au plus d'une dizaine par seconde en moyenne. En d'autres termes, le courant final redressé ne sera pas un courant continu, mais une sorte de courant intermittent assimilable à un courant alternatif de très basse fréquence.

S'il est possible de constituer un amplificateur capable d'amplifier efficacement les courants alternatifs de fréquence aussi basse, on pourra placer cet amplificateur à la suite de ceux que l'on emploie d'ordinaire, et pousser ainsi l'amplification totale à un degré bien plus élevé. Le problème ainsi

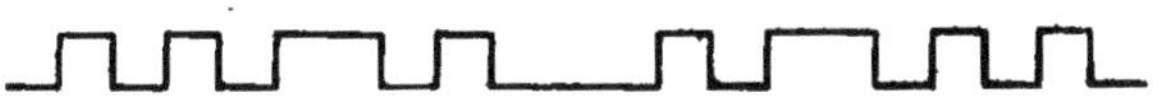

FIG. 4

posé est susceptible de plusieurs solutions. Nous en exposerons successivement deux, dont la première a donné lieu à l'*amplificateur de très basse fréquence* (T. B. F.), et la seconde à l'*amplificateur à courants continus* (1).

A. — AMPLIFICATEUR DE TRÈS BASSE FRÉQUENCE

Cet amplificateur diffère des appareils usuels en ce qu'il possède une très grande constante de temps, qui doit aller jusqu'à plusieurs secondes, si l'on veut amplifier des courants alternatifs ayant une fréquence de l'ordre de la seconde. Ce résultat est peu commode à obtenir avec des transformateurs, à cause de l'encombrement et du poids qu'il faut leur donner. L'amplificateur sera donc du type dit « à résistances », et l'on obtient les valeurs voulues de la constante de temps en augmentant suffisamment les capacités de liaison entre lampes successives.

(1) Ces amplificateurs spéciaux ont été mis au point pendant la guerre par Henri ABRAHAM et Eugène BLOCH. Ils se trouvent décrits, ainsi que toute la technique des inscriptions de T. S. F. sur noir de fumée et au Morse dans deux articles de la *Revue générale de l'Electricité* (t. VII, p. 211 et 255, 1920).

Les capacités s'échelonnent, suivant les cas, entre 0,1 et 2 microfarads, valeurs que l'on sait réaliser sous un très petit volume. Les grilles sont maintenues, comme d'habitude, au potentiel moyen du pôle négatif de la batterie de chauffage, à travers des résistances d'environ 4 mégohms, de sorte que le groupe capacité-résistance relié à chacune des grilles se charge ou se décharge avec une constante de temps susceptible d'atteindre, si on le désire, plusieurs secondes. Il importe de remarquer que l'évaluation de la constante de temps fondée sur la valeur des capacités et des résistances employées à la construction, n'est pratiquement correcte que si l'isolement des condensateurs et celui des lampes elles-mêmes est suffisamment élevé. Les lampes usuelles réalisent ordinairement cette condition et il est facile d'éliminer les lampes défectueuses. Les condensateurs en papier d'étain et papier paraffiné peuvent aussi être construits de manière à avoir une résistance d'isolement supérieure à 800 mégohms, c'est-à-dire pratiquement infinie.

Les modèles d'amplificateurs à très basse fréquence (T. B. F.) qui ont été établis sont à quatre ou à huit lampes. Les premiers sont à trois étages d'amplification et comportent une lampe supplémentaire que l'on peut mettre en parallèle avec la lampe de sortie. Les seconds comportent cinq étages d'amplification et trois lampes supplémentaires que l'on peut mettre en parallèle avec la dernière lampe. Le schéma général de montage est le même dans les deux cas : le premier dispositif est suffisant pour presque toutes les inscriptions mécaniques lorsque l'amplificateur de haute fréquence est suffisamment puissant (1). Le second est utile lorsque l'amplification de haute fréquence est moins grande ou dans certaines applications spéciales.

Le schéma de montage de la figure 5 est relatif à un amplificateur à trois étages. Il nécessite quelques remarques explicatives.

---

(1) Dans les essais faits pendant la guerre par H. Abraham et E. Bloch, l'amplificateur de haute et de basse fréquence qui précédait l'appareil actuellement décrit était du type B_1 ou du type B_6 de la télégraphie militaire.

1° Comme dans tout amplificateur à résistances, les plaques sont portées à la haute tension (80 à 160 volts) à travers des résistances de l'ordre de 60.000 ohms. On utilise ici des résistances bobinées ordinaires en fil fin de maillechort ou de manganine. Les perturbations qui pourraient provenir de la capacité ou de la selfinduction propres de ces bobines sont tout à fait négligeables, si l'on se sou-

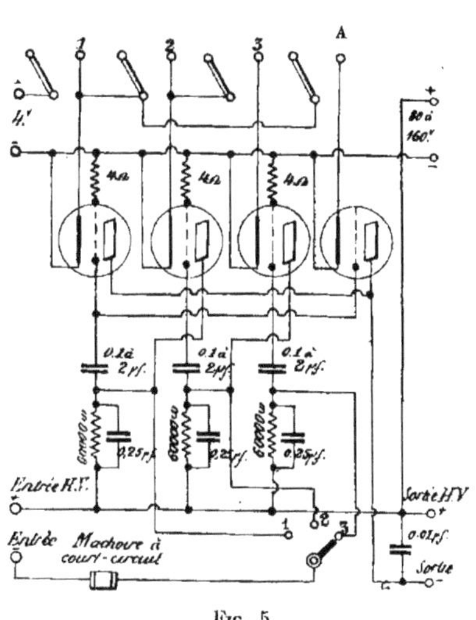

FIG. 5

vient de la grandeur des capacités de liaison et de la fréquence extrêmement basse des courants amplifiés.

2° Si l'on veut, à la sortie de l'amplificateur, actionner un appareil Morse placé en série avec la dernière plaque, il sera bon de modifier le bobinage de l'électroaimant afin de n'avoir pas besoin de plus de 2 ou 3 milliampères pour attirer la palette. Pour débiter le courant nécessaire, on mettra en parallèle avec la lampe de sortie de l'amplificateur une autre lampe, désignée par A sur le schéma, et qui peut être allumée ou éteinte à volonté. Il y aura avantage à porter la tension des plaques à 120 volts au moins.

Il serait même possible d'actionner avec un amplificateur de ce type un appareil Morse *ordinaire*, dont le fonctionnement nécessite un courant d'une dizaine de milliampères. Mais il faudrait alors mettre en parallèle avec la lampe de sortie deux ou trois autres lampes.

3° La nécessité de pouvoir mettre d'autres lampes en parallèle avec la dernière, lorsqu'on veut actionner un appareil qui nécessite un courant relativement élevé, entraîne la conséquence suivante : la dernière lampe d'amplification devra toujours être la même (sur le schéma ce rôle de dernière lampe est joué par la lampe numérotée 1). Si l'on veut employer deux lampes d'amplification, le courant à amplifier pénétrera d'abord dans la lampe 2, puis dans la lampe 1 ; si l'on emploie trois lampes d'amplification, c'est la lampe 3 qui sert de lampe d'entrée, puis le courant passe à la lampe 2, enfin à la lampe 1. Le commutateur figuré sur le schéma permet ainsi d'employer à volonté de un à trois étages d'amplification.

4° Les résistances de 60.000 ohms sont shuntées par des capacités de 0,25 microfarad, dont le rôle est d'empêcher les réactions de l'amplificateur très basse fréquence sur l'amplificateur basse fréquence qui le précède. Une mâchoire, qui est normalement court-circuitée par un contact à ressort, est placée sur le circuit d'entrée. Elle permet, si on y introduit la fiche d'un téléphone, d'écouter sur l'amplificateur basse fréquence, sans affaiblir notablement le courant reçu par l'amplificateur très basse fréquence.

Les propriétés de l'amplificateur très basse fréquence apparaissent bien lorsqu'on le monte sur un potentiomètre permettant de créer à l'entrée des variations de tension connues, se succédant à des intervalles dont on dispose. Au moment de l'allumage des lampes, un milliampèremètre placé à la sortie indique que le courant de sortie ne prend son régime qu'après plusieurs oscillations, dont la période dépend de la constante de temps de l'appareil. A partir du moment où le régime est atteint, une variation brusque de potentiel à l'entrée se traduit à la sortie par une variation brusque du courant de plaque, suivie d'un retour lent au courant de régime. Si les variations à l'entrée se succèdent avec une période plus courte que la constante de temps, elles sont donc amplifiées correctement. Suivant la parité du nombre de lampes d'amplification, un accroissement de tension à l'entrée pourra correspondre, à la sortie, soit à un accroissement de courant, soit à une diminution. On obtiendra, dans chaque cas, le sens de variation que l'on désire, en changeant au besoin le sens des connexions entre l'amplificateur très basse fréquence et l'amplificateur basse fréquence qui le précède.

Si les variations de tension à l'entrée sont suffisamment grandes, le courant de sortie oscille entre sa valeur maximum (définie par le nombre des lampes en parallèle à la sortie et par la tension des plaques de sortie) et la valeur *zéro*, qui indique que la dernière grille est devenue franchement négative. L'appareil présente alors un seuil de fonctionnement et un courant de saturation, ce qui, comme nous le verrons, est particulièrement favorable à la réduction des parasites et des brouillages.

Il est utile de pouvoir faire varier dans d'assez larges limites la constante de temps de l'amplificateur de très basse fréquence. Pour les inscriptions de télégraphie sans fil à grande vitesse (50 mots à la minute), des capacités de liaison de 0,1 microfarad conviennent bien : il est inutile en effet que la constante de temps dépasse un ou deux dixièmes de seconde. Pour les inscriptions ordinaires de télégraphie sans fil avec manipulation faite à la main, des capacités de 0,5 microfarad deviennent nécessaires, afin d'atteindre une constante de temps de l'ordre de la seconde. Pour d'autres applications de télémécanique, où l'appareil devra « tenir » un trait Morse pendant plus d'une seconde, les capacités seront de 1 à 2 microfarads. On aura seulement l'inconvénient d'une mise en régime beaucoup plus longue.

B. — AMPLIFICATEUR A COURANTS CONTINUS

Le problème de l'amplification des courants de très basse fréquence est susceptible d'une autre solution. On peut constituer en effet un amplificateur à lampes capable d'amplifier *toutes les fréquences*, et en particulier la fréquence zéro, c'est-à-dire le courant continu : d'où le nom d'amplificateur à courants continus que l'on donne à cet appareil.

Le principe en est le suivant : les plaques des lampes sont encore alimentées à travers des résistances du même ordre que celles des plaques (100.000 ohms environ), mais les variations de tension des plaques ne sont plus transmises aux grilles suivantes par l'intermédiaire de condensateurs, elles sont transmises *à travers une batterie auxiliaire*, dont le rôle est de ramener chaque grille au potentiel de fonctionnement le plus favorable. Les liaisons entre lampes sont donc ici des « liaisons par piles ».

Les batteries auxiliaires sont, par exemple, de 50 volts, quand la tension de charge des plaques est de 120 volts. Il est nécessaire de disposer de moyens de réglage pour ajuster exactement le potentiel des grilles à la valeur la plus favorale. Il n'est pas commode pratiquement de faire varier la tension des batteries de liaison. Mais il revient au même de constituer chaque résistance de plaque par une partie fixe (40.000 ohms) et par une partie variable, composée par exemple de 10 fois 6.000 ohms. L'ajustement des potentiels de grille se fait en agissant sur les parties variables de ces résistances. Pour le réaliser, il faut placer sur chaque circuit de plaque un milliampèremètre auxiliaire destiné à indiquer si la plaque considérée débite ou ne débite pas son courant normal : on agira sur la résistance variable intercalée sur la plaque précédente jusqu'à ce que chaque milliampèremètre indique son courant normal.

Des essais dans cette voie avaient été faits au début de la guerre par H. Abraham et E. Bloch en vue de l'amplification des courants téléphoniques. La nécessité d'une batterie auxiliaire entre chaque couple de lampes amplificatrices, et surtout d'un réglage individuel des courants dans chaque lampe, introduit une complication qui a fait renoncer à l'emploi de ce type d'appareils pour la haute fréquence et la fréquence musicale. Mais il retrouve tout son intérêt pour les fréquences très basses et pour le courant continu, et il est susceptible, dans ce domaine, d'applications intéressantes.

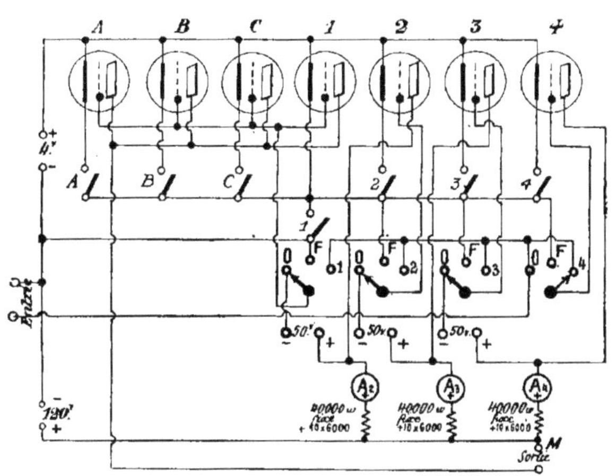

Fig. 6

La figure 6 donne le schéma de montage d'un amplificateur à courants continus qui a été utilisé pour l'inscription des signaux de T. S. F. sur noir de fumée et au Morse (1). C'est un amplificateur à 7 lampes comportant 4 étages d'amplification (lampes marquées 1, 2, 3, 4) et

(1) Pour simplifier on a supposé que l'amplificateur était destiné à amplifier un courant continu. Si l'on voulait amplifier un courant alternatif de très basse fréquence fourni par un autre amplificateur, il faudrait compliquer un peu le dispositif d'entrée. Voir les détails à ce sujet dans les articles de Henri Abraham et Eugène Bloch, cités dans la note de la page 31.

trois lampes supplémentaires (marquées A, B, C) qui peuvent être mises à volonté en parallèle avec la lampe de sortie, de manière à augmenter le courant débité par la dernière plaque dans les appareils inscripteurs. Les milliampèremètres de réglage des grilles sont figurés en A_2, A_3, A_4. Les commutateurs marqués OF_1, OF_2, etc., servent à choisir le nombre d'étages d'amplification. Sur la figure les commutateurs sont orientés de telle sorte que les quatre étages sont utilisés. Les plots F ne sont employés que pour les réglages préliminaires.

Lorsque l'amplification est suffisante le courant de plaque de la dernière lampe fonctionne encore par tout ou rien, c'est-à-dire que, au cours du passage des signaux, le courant de la dernière plaque varie entre son maximum (quelques milliampères) et zéro. Cette circonstance, que nous avons déjà signalée à propos de l'amplificateur de très basse fréquence, est très favorable à l'élimination des parasites, comme nous allons le voir.

C. — RÔLE DES AMPLIFICATEURS DANS L'ÉLIMINATION DES PARASITES ET DES BROUILLAGES

Les lampes à trois électrodes sont des appareils à seuil de fonctionnement et à courant de saturation. Si la grille d'une lampe est rendue suffisamment négative, par rapport au filament, tout courant cesse de passer dans le circuit de plaque. Pour faire débiter la plaque, il faudra donc augmenter le potentiel de grille d'une valeur finie, capable de faire remonter sa tension jusqu'aux environs de zéro. C'est cette propriété que nous exprimons quand nous parlons d'un seuil de fonctionnement.

D'autre part si la grille est rendue assez fortement positive, le courant débité par la plaque sous une tension donnée prend une valeur maximum, dite « courant de saturation » ; si donc à ce moment on vient à augmenter, même notablement, la tension de grille, le courant de plaque ne variera pas sensiblement.

Ainsi les détecteurs à lampes ne fonctionnent qu'entre deux limites correspondant chacune à l'une des causes précédentes, et les perturbations étrangères s'arrêtent d'elles-mêmes devant ces limites. Si un signal parasite tend à agir sur une lampe détectrice dont la grille est suffisamment négative, mais si l'intensité du parasite n'est pas assez grande pour faire remonter la tension de la grille jusqu'au seuil de fonctionnement, son action sur la lampe sera nulle : le courant de plaque, qui était réduit à zéro, restera égal à zéro. Si d'autre part un parasite, même fort, vient à agir sur la lampe pendant une période où la grille est fortement positive et où la lampe débite au maximum, le parasite ne pourra pas augmenter le débit, qui correspond à la saturation, et le courant de plaque conservera sa valeur.

Or, d'après les remarques faites plus haut, la dernière lampe d'un amplificateur très basse fréquence ou à courants continus fonctionnera précisément entre ces deux limites extrêmes, si l'amplification totale est suffisante. Il en résulte que l'appareil inscripteur actionné par cette lampe restera insensible aux signaux parasites, à condition que ces signaux se produisent pendant une inscription. Si le parasite arrive pendant que le courant plaque est nul (grille négative), il ne s'inscrira pas s'il n'est pas assez puissant pour faire remonter la lampe à son seuil de fonctionnement. S'il arrive pendant que la plaque débite à son maximum, il ne pourra pas accroître le courant débité et n'agira pas davantage. Seuls restent actifs les parasites très intenses qui se produisent pendant les intervalles où le courant est nul.

En fait l'expérience a montré que, par l'emploi des amplificateurs précédents, on peut arriver à une élimination très satisfaisante des parasites et des brouillages. Si par exemple l'appareil inscripteur est un Morse, la palette de celui-ci ne reste en général pas immobile avant le début de la transmission. Les parasites qui passent lui donnent des impulsions irrégulières, et on voit s'inscrire sur la bande des points plus ou moins espacés à distribution quelconque. Au moment où la transmission sur laquelle on est accordé commence, les points parasites disparaissent totalement, s'ils ne sont pas dus à des actions trop intenses, et la transmission s'inscrit seule. Si l'on suit la transmission au téléphone pendant l'inscription même, on entend encore fort bien les parasites qui ne s'inscrivent plus, parce que ceux-ci ne sont pas assez forts pour atteindre le seuil de fonctionnement de l'enregistreur.

Il arrive fréquemment qu'au cours d'une inscription un autre poste se mette à émettre sur une longueur d'onde et dans une direction suffisamment voisines de celles du poste que l'on inscrit pour que l'audition du nouveau poste au téléphone soit très facile. Si néanmoins le poste brouilleur reste notablement moins intense que le premier, celui-ci continue à s'inscrire seul, comme si le second poste n'existait pas.

C'est seulement dans le cas où le poste brouilleur atteint et dépasse en intensité le poste que l'on inscrit que les perturbations apparaissent. Il faut alors modifier les réglages, de manière à faire de nouveau prédominer suffisamment le poste primitif sur le poste brouilleur.

Ces vérifications se font déjà aisément quand la réception est faite par un montage très simplifié : on peut par exemple se contenter de recevoir sur un cadre aux bornes duquel sont reliées les armatures du condensateur d'accord, et en même temps les bornes d'entrées des amplificateurs. L'appareil inscripteur est lui-même branché directement sans l'interposition d'aucun autre relais, sur le circuit de plaque de la lampe de sortie des amplificateurs. Si l'on désire faire une élimination plus complète des parasites et des brouillages, on aura recours, bien entendu, aux procédés de syntonie plus perfectionnés qui ont été proposés depuis quelques années et rendus particulièrement efficaces par l'emploi des ondes entretenues. On pourra en particulier employer à la réception plusieurs circuits résonnants successifs, couplés entre eux par induction d'une manière aussi lâche que possible, et, de plus, accroître l'acuité des résonances par des réactions convenables entre ces circuits. L'emploi d'amplificateurs puissants des types précédemment décrits et fonctionnant par tout ou rien ne fera alors que contribuer de son côté à l'élimination des brouillages.

D. — AUTRES RELAIS POUR INSCRIPTIONS DE SANS FIL

Les amplificateurs spéciaux qui viennent d'être étudiés et qui doivent s'intercaler, dans une inscription de sans fil, entre les amplificateurs usuels de haute et de basse fréquence et les appareils inscripteurs, permettent d'éviter l'emploi de tout relais mécanique.

D'autres solutions équivalentes ont été déjà proposées. Ainsi G. Pierce (Etats-Unis) a proposé en 1917 de prendre comme relais une lampe contenant un *arc au mercure*, une grille et une plaque, comme dans un audion, mais en alimentant la plaque par une tension alternative de fréquence assez élevée. Tant que la grille est négative, le circuit de plaque ne débite pas, mais quand le potentiel de la grille atteint une certaine valeur positive, un arc s'allume entre la plaque et la cathode de mercure. L'appareil redresse alors le courant alternatif du circuit de plaque où l'on dispose ainsi d'une puissance très notable pendant toute la durée du signal radiotélégraphique qui a rendu positive la grille de l'appareil.

L'emploi des *relais télégraphiques* ordinaires, à cadre mobile ou à fer mobile, a aussi été proposé et essayé avec succès (1). Le relais est placé en général à la suite d'un certain nombre de lampes d'amplification, et il possède le même avantage de principe que les amplificateurs décrits plus haut : il présente comme eux, un seuil de fonctionnement et une sorte de saturation, puisque son organe mobile fonctionne par tout ou rien. Il introduit malheureusement quelques fois des causes d'erreur dans la réception. Sa

(1) On trouvera la description de quelques-uns de ces relais et de leur application aux inscriptions de sans-fil dans les articles publiés par M. Adam dans *Radioélectricité* (septembre, octobre et novembre 1922). — Voir aussi deux articles publiés dans *The Wireless World* (octobre et novembre 1921) d'après une discussion à la Wireless Society de Londres en septembre 1921.

construction est en effet d'autant plus difficile qu'on veut l'utiliser pour des transmissions plus rapides, car il ne doit pas présenter de retard bien qu'on ne dispose pour l'actionner que de courants d'une fraction de milliampère.

Une difficulté qui se présente dans l'emploi des relais électromagnétiques provient de ce que l'on ne peut pas les actionner par un amplificateur trop puissant. Autrement les ruptures de courant dans le relais produisent des émissions locales d'oscillations de haute fréquence qui réagissent sur le cadre ou l'antenne de réception et empêchent tout fonctionnement régulier des appareils. La palette du relais entretient d'elle-même son mouvement sans aucune interruption, comme lorsqu'on amorce des oscillations entretenues ou comme dans le fonctionnement des sonneries électriques.

Johnsen et Rahbeck (Danemark) ont réalisé récemment une sorte de *relais électrostatique* extrêmement rapide et d'une grande sensibilité qui permettrait d'inscrire mécaniquement les signaux de T. S. F. à la vitesse de plusieurs centaines de mots à la minute. La puissance dépensée serait de l'ordre des milliwatts seulement.

L'appareil (1) utilise un principe intéressant : l'augmentation apparente d'une adhérence ou d'un coefficient de frottement sous l'influence d'une différence de potentiel. Si par exemple un carreau d'une pierre susceptible de poli (agate, ardoise lithographique...), est placée sur une lame métallique et si on applique sur la face supérieure bien planée une autre lame métallique, on constate, en établissant entre les deux lames une différence de potentiel de 220 volts, que l'on peut soulever la lame supérieure sans que la pierre se détache. Le phénomène est dû sans doute

---

(1) Une communication sur le système Johnsen-Rahbeck a été faite, à Iéna, en septembre 1921, devant un congrès de physique, par le docteur Rottgardt, directeur de la Société d'étude des appareils fondés sur ce système. Les renseignements ci-dessus sont tirés du *Zeitschrift fur den physikalischen und chemischen Unterricht* de 1922, dont une analyse a été donnée par M. S. Bloch au *Bulletin de l'Union des Physiciens* de décembre 1922. — Voir aussi *The Wireless World* de 1921, passim., et *Radioélectricité*, p. 308, juillet 1922.

à une attraction électrostatique énergique entre la lame métallique et le semi-conducteur constitué par la pierre.

L'utilisation du phénomène peut être faite de la façon suivante : un cylindre d'agate, monté sur un axe métallique A, est mis en rotation par un moteur. Sur ce cylindre s'applique un ruban métallique B, dont une extrémité est fixe, l'autre venant s'attacher à un levier. Le cylindre d'agate tourne sous la feuille métallique, mais en accroissant la tension entre A et B, par l'envoi d'un signal Morse par exemple, l'adhérence est accrue et le ruban entraîné met en action le levier, ce qui permettra l'inscription des signaux ou l'établissement d'un contact électrique si l'appareil doit fonctionner comme relais. L'inertie mécanique peut être rendue très petite, la self est inexistante, de sorte que le dispositif serait remarquable par sa rapidité.

Nous n'avons pas encore eu connaissance d'une mise au point définitive de ce système, dont le principe est incontestablement intéressant.

CHAPITRE VI

INSCRIPTIONS AU MORSE ET SUR NOIR DE FUMÉE. — ONDULATEURS

L'emploi des amplificateurs à lampes ou des relais spéciaux qui ont fait l'objet du chapitre précédent permet d'obtenir, à la réception, des puissances suffisantes pour pouvoir aborder avec sécurité le problème des inscriptions mécaniques de sans fil. L'inscripteur pourra être un appareil Morse ou un appareil galvanométrique à plume traçant sur du papier.

A. — APPAREIL MORSE

L'adaptation de cet appareil aux inscriptions de sans fil a été reprise par H. Abraham et E. Bloch (1), en 1916, et, grâce aux amplificateurs spéciaux précédemment décrits, dont l'étude a été faite à cette occasion, elle a pu être menée à bien.

Les appareils Morse ordinaires de l'administration des télégraphes ont une résistance de 500 ohms environ ; leur vitesse de déroulement est invariable et de l'ordre de 3 centimètres par seconde. Leur fonctionnement régulier exige un courant de 10 à 12 milliampères. Pour débiter ce courant avec des lampes ordinaires à trois électrodes, il est nécessaire d'en grouper trois ou quatre en parallèle, en alimentant les plaques sous 120 à 160 volts. Le Morse peut

(1) H. Abraham et E. Bloch, *Revue générale de l'Electricité*, t. 7, p. 255, 1920.

alors être intercalé directement sur le circuit de plaque des lampes de sortie de l'amplificateur (à très basse fréquence ou à courants continus).

Il est préférable de modifier légèrement l'appareil de manière à l'adapter mieux aux conditions actuelles de son fonctionnement. A cet effet il est bon d'introduire d'abord un réglage de vitesse, qui permet d'obtenir des points et des traits de longueurs convenables, depuis les transmissions les plus lentes jusqu'aux automatiques à 40 ou 50 mots à la minute : un frein magnétique intercalé sur le rouage résout aisément ce problème, après suppression du régulateur à ailettes. En second lieu on allège le plus possible la palette de l'électro, de manière à lui permettre de suivre plus aisément les inscriptions rapides. Enfin le bobinage des électros est refait entièrement et leur résistance est portée à 3.000 ohms. Le fer plein est remplacé par un noyau feuilleté.

L'appareil est alors beaucoup mieux adapté au circuit de plaque sur lequel il vient s'intercaler. Il n'exige plus que deux lampes en parallèle, au maximum, au dernier étage de l'amplificateur, et son fonctionnement est parfaitement régulier sous 2 ou 3 milliampères.

On a obtenu ainsi des inscriptions pratiquement parfaites de tous les gros postes européens, et les inscriptions ont souvent pu être poursuivies pendant des heures sans que l'on fût notablement gêné par les parasites, cela grâce aux intéressantes propriétés des amplificateurs qui ont été analysées dans le précédent chapitre. L'inscription au Morse des postes américains est plus difficile, et, malgré certaines inscriptions bien réussies, il est certain qu'on se trouve ici à la limite d'utilisation de cet appareil. Les parasites sont en effet plus gênants quand on inscrit par points et par traits que dans les inscriptions par tracé continu, et leur élimination doit être tout à fait parfaite pour que les inscriptions à très longue portée soient bien lisibles.

A titre d'exemple, nous reproduisons ici (fig. 7) le télégramme historique qui a été inscrit à Paris au Morse dans

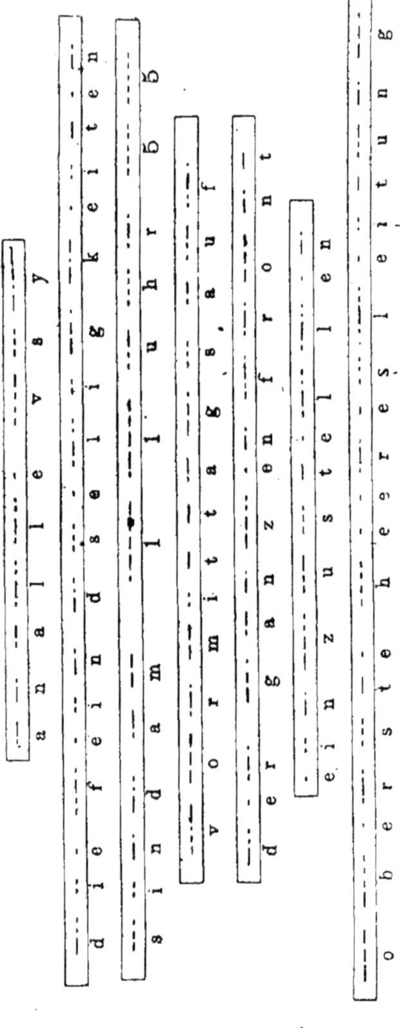

FIG. 7. — Enregistrement du radiogramme du Haut-Commandement allemand, ordonnant la cessation des hostilités (11 nov. 1918).

la matinée du 11 novembre 1918, et par lequel le Haut Commandement allemand ordonnait la cessation des hostilités à 11 heures 55 (heure allemande).

B. — INSCRIPTIONS SUR NOIR DE FUMÉE

Les inscriptions sur noir de fumée ont également été mises au point par H. Abraham et E. Bloch (1) dans les années 1916 à 1918. Comme elles se font au moyen d'un inscripteur à plume traçant une ligne continue, et que le passage des signaux se traduit, comme dans les inscriptions photographiques, par un simple déplacement de la plume à partir de la ligne de zéro, les perturbations parasites sont beaucoup moins gênantes, ici, que dans l'inscription au Morse. D'autre part la puissance nécessaire est moindre, puisque l'inscripteur n'exige que quelques dixièmes de milliampères. Enfin la possibilité de suivre les automatiques les plus rapides, jointe à la simplicité extrême des manipulations, crée en faveur de ce système des avantages tels qu'on peut se demander s'il ne représenterait pas, à l'heure actuelle, la forme la plus pratique des inscriptions de télégraphie sans fil.

L'inscripteur employé par H. Abraham et E. Bloch est un *magnéto-oscillographe à plume* (2), dont le principe est le suivant. Aux pôles d'un aimant permanent (ou d'un électroaimant) sont fixées des pièces polaires en fer feuilleté, à raison de deux par pôle. Dans l'entrefer qui subsiste entre les deux cornes polaires nord et les deux cornes polaires sud, est disposée une pièce de fer doux mobile sur pivots et actionnant la plume d'inscription (fig. 8). Sur les cornes polaires sont enroulées des bobines de fil de cuivre dans lesquelles sera envoyé le courant à inscrire. Les connexions sont faites de telle sorte que le passage du courant dans un certain sens accroisse l'intensité de deux des pôles nord et sud placés en diagonale, et diminue l'intensité des deux autres. L'armature de fer doux aura donc tendance

(1) H. ABRAHAM et E. BLOCH, *loc. cit.*
(2) Cet appareil est construit par la maison Carpentier.

à tourner autour de son axe et entraînera la plume qui se déplacera à angle droit du mouvement de la bande de papier enfumé. Un fort ressort de rappel ramène l'armature à sa position d'équilibre quand le courant cesse. On voit que l'appareil a, au fond, la même disposition qu'une petite magnéto tétrapolaire à fer tournant, et que son fonctionnement rappelle celui d'un électromètre à quadrants.

Ses avantages sont les suivants : d'abord les couples agissant sur le fer mobile sont symétriques, l'appareil a la même sensibilité quel que soit le sens des déviations. En second lieu cette symétrie permet de mettre le fer mobile en équilibre presque indifférent dans le champ magné-

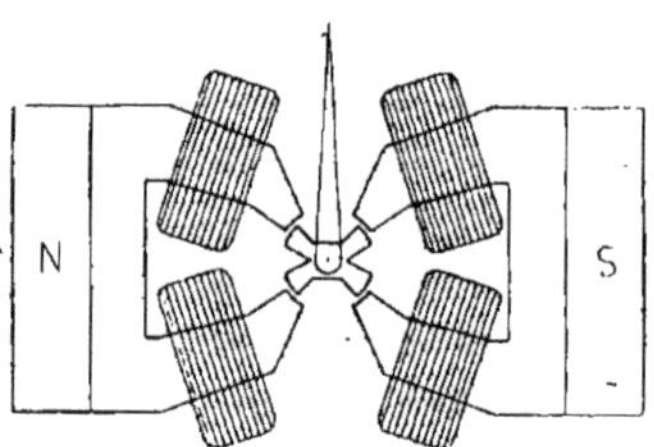

Fig. 8

tique, contrairement à ce qui arrive dans beaucoup de relais polarisés. Le ressort de rappel donne alors le moyen de régler à volonté le couple directeur, la stabilité et la sensibilité.

L'appareil étant destiné à être placé directement sur le circuit de plaque d'un amplificateur (très basse fréquence ou à courants continus), la résistance des bobinages devra être adaptée aux conditions d'utilisation. Elle a été maintenue au voisinage de 500 ohms en général. Dans ces conditions il est facile d'obtenir des conditions de réglage telles que la sensibilité soit de plusieurs millimètres par milliampère, la période des oscillations restant inférieure au centième de seconde. L'appareil obéit alors au millième de seconde environ. Les tracés du style léger et rigide fixé au rotor sont d'une très grande finesse et l'amortissement des oscillations propres du rotor reste pratiquement parfaite. L'appareil se trouve donc adapté à l'inscription des automatiques rapides.

L'inscripteur qui vient d'être décrit doit être complété par un appareil permettant de dérouler régulièrement une bande de papier, de l'enfumer avant son passage devant la plume de l'inscripteur, enfin de fixer l'inscription immédiatement après son tracé. Le modèle de dérouleur le plus employé a été l'appareil Boulitte, utilisé pendant la guerre dans les inscriptions de repérage par le son. D'autres modèles plus perfectionnés ont été établis à plusieurs reprises. Le procédé adopté pour le fixage est d'une grande simplicité et tout à fait efficace. Il consiste à faire passer la bande enfumée entre les deux rouleaux d'un petit laminoir d'horloger : le noir de fumée se trouve incorporé au papier, qui prend un aspect glacé très caractéristique, et la fixation est pratiquement parfaite (1).

Les inscriptions sur noir de fumée ont été d'abord, comme les inscriptions au Morse, utilisées pour recevoir les postes européens. Ces inscriptions, poursuivies pendant une bonne partie de la guerre, ont porté sur les postes de Lyon, Clifden, Carnarvon, Nauen, Hanovre, Berlin, Tsarkoié-Sélo, Moscou, Pola, Vienne, Budapest, Constantinople, Madrid, Aranjuez, Coltano, etc. Certaines bandes, dont la durée d'enregistrement a été de plusieurs heures, sont pratiquement parfaites et ne portent aucun signal parasite.

Les difficultés sont plus grandes dans le cas des postes américains, dont la distance est de 6.000 kilomètres, et dont la simple réception au son n'est pas toujours aisée. Elles ont pu être néanmoins surmontées (fin 1918 et 1919) par un perfectionnement convenable des circuits de réception, et par l'emploi de résonances suraiguës. Celles-ci

(1) M. Henri Abraham a fait établir récemment par la maison Beaudoin un dérouleur à noir de fumée à vitesse parfaitement constante, dont le moteur actionne à la fois le mouvement du papier et le laminoir de fixage. Le fonctionnement est ainsi rendu entièrement automatique.

consistent en principe à établir une réaction par induction entre la plaque d'une des lampes de réception et le cadre de réception, afin d'introduire dans ce dernier une résistance négative (1). La syntonie devient tellement parfaite que l'on arrive non seulement à éliminer presque totalement les parasites, mais encore les postes voisins et puissants (Tour Eiffel), dont l'action est pratiquement supprimée, et aussi l'onde de compensation (ou de repos), si gênante dans certaines réceptions en ondes entretenues. On a pu obtenir finalement des inscriptions correctes sur noir de fumée (ou au Morse) de plusieurs postes américains qui se livrent au service transatlantique, par exemple celui de New-Brunswick et celui d'Annapolis. La réception se faisait sur un cadre de 1,20 mètre de diamètre pourvu de 40 spires, auquel on associait des amplificateurs comportant en tout 10 à 11 étages d'amplification, sans aucun relais mécanique.

Plus récemment Henri Abraham a réussi, par des perfectionnements successifs, à amener l'inscription sur noir de fumée des postes américains à un degré de perfection remarquable. Le cadre de réception a pu être réduit à n'avoir que 30 *centimètres* de côté. Les ondes reçues par le cadre sont d'abord renforcées par un amplificateur de haute fréquence à résistances comportant au plus 4 étages. Une bobine de quelques tours, intercalée sur la plaque de l'une des lampes de cet amplificateur, réagit sur le circuit de réception de manière à réaliser une résonance suraiguë du type signalé plus haut. Le courant, amplifié par ce premier amplificateur et non encore détecté, agit par induction sur un second circuit oscillant qui joue le rôle de secondaire dans la réception. Celui-ci actionne à son tour un second amplificateur pareil au premier et comportant encore une lampe de réaction pour résonance suraiguë. Enfin le courant est détecté et subit une dernière amplification à

(1) Voir le détail de ces montages, réalisés avec la collaboration de M. Nimier, dans les articles déjà cités de la *Revue générale de l'Electricité* (1920).

3 étages dans un amplificateur à courants continus. C'est à la suite de ce dernier que se trouve installé, sans autre relais, l'oscillographe magnétique à plume inscrivant sur noir de fumée.

Dans ces conditions, les automatiques américains les plus rapides émis par la station d'Annapolis (N. S. S.) ont pu être inscrits dès le début de 1920 pendant des heures consécutives et d'une manière très satisfaisante. La figure 9

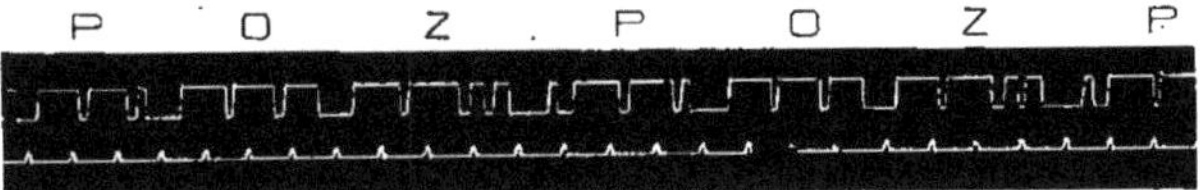

Fig. 9

donne la reproduction d'un fragment de l'une des bandes obtenues : il s'agit de l'appel du poste allemand de Nauen (indicatif P. O. Z.) par le poste américain d'Annapolis. On peut constater l'excellente qualité des inscriptions, malgré leur rapidité ; pour pouvoir juger de cette dernière on a inscrit en même temps sur la bande les dizièmes de seconde.

C. — AUTRES INSCRIPTEURS A PLUME

Il n'y a naturellement plus aucune difficulté aujourd'hui à remplacer, dans les montages analogues aux précédents, l'appareil Morse ou le magnéto-oscillographe à plume par tout autre type d'inscripteur à plume capable d'écrire à l'encre sur papier blanc. Et il n'y a pas d'intérêt, nous semble-t-il, à décrire en détail ces inscripteurs, dont plusieurs sont utilisés depuis longtemps en télégraphie ordinaire.

Signalons cependant l'emploi qui a été fait des *ondulateurs*, déjà en service pour la télégraphie sous-marine à courte portée. Ce sont des électroaimants sensibles, dont la palette mobile porte une plume siphon écrivant sur un ruban de papier à déroulement continu. Ces ondulateurs sont moins rapides et moins sensibles que le magnéto-oscillographe à pointe sèche et noir de fumée, mais ils fonctionnent d'une manière tout à fait satisfaisante pour les transmissions lentes et les réceptions fortes. Dans certains postes de réception, on a eu aussi de bons résultats pour les transmissions moyennement rapides, en interposant un relais télégraphique sensible entre les amplificateurs et l'ondulateur. On a ainsi plus de puissance pour entraîner la plume siphon, et l'on peut alors, en réduisant la sensibilité de l'ondulateur, augmenter notablement sa rapidité de fonctionnement.

Dans le même ordre d'idées, on peut signaler que le Bureau of Standards de Washington a réussi à faire de bonnes inscriptions de T. S. F. sur papier avec un inscripteur à gros électroaimant, capable d'entraîner un stylographe ordinaire. La rapidité de fonctionnement est satisfaisante, mais la distance de transmission ne dépasse pas jusqu'ici, à notre connaissance, quelques centaines de kilomètres.

Pour conclure le chapitre actuel, nous tenons à remarquer que nous nous sommes volontairement limités à l'exposé des méthodes les plus importantes et à la description de types d'appareils éprouvés par des essais de longue durée. Il serait facile d'étendre à l'infini la description des types d'amplificateurs ou de relais qui ont été décrits depuis quelques années à propos de l'inscription des signaux de sans fil. Les facilités qu'apportent l'emploi des amplificateurs ont réveillé chez les amateurs le goût des inscriptions, surtout des inscriptions mécaniques par Morse ou par galvanomètre à plume, qui sont les plus simples à réaliser. Aussi les revues spéciales de langue française ou de langue étrangère contiennent-elles de plus en plus fréquemment des articles consacrés à ces procédés. Sans méconnaître l'intérêt qu'ils peuvent présenter et l'élément de progrès qu'ils apportent, nous n'avons pas cru devoir donner une place plus grande aux détails de réalisation dans un exposé qui est destiné surtout à la classification des idées directrices.

CHAPITRE VII

RÉCEPTION IMPRIMÉE

Comme en télégraphie ordinaire, l'inscription des signaux Morse, soit par points et par traits, soit par tracé continu, ne peut être regardée que comme un stade intermédiaire. Il fallait amener finalement la radiotelégraphie au même point que la télégraphie par fils, en réalisant la réception avec les appareils imprimeurs.

Cette dernière étape a été franchie récemment, grâce aux efforts de plusieurs groupes d'expérimentateurs. Nous citerons en particulier les essais tout à fait indépendants de H. Abraham et R. Planiol, en France ; de Creed, en Angleterre ; de la Western Electric Company, en collaboration avec l'American Telephone and Telegraph Company, aux Etats-Unis.

Les solutions proposées, à peu près équivalentes, consistent toutes à pousser l'amplification assez loin pour que les courants reçus soient capables d'actionner le relais télégraphique normal du système imprimeur que l'on a choisi, et d'autre part, à installer le poste transmetteur dans des conditions telles que les émissions puissent être commandées, elles aussi, par un relais télégraphique ordinaire.

Pour faire de la radiotélégraphie imprimée, le poste d'émission doit avoir une très grande régularité de fonctionnement. On n'a pu, jusqu'ici, employer pour cet usage que des *postes à lampes*. Il est probable que l'on arrivera à utiliser aussi les grands postes à arc ou à alternateurs, à moins que les progrès dans la construction des lampes d'émission à forte puissance ne rende cette utilisation superflue (1).

4. — INSCRIPTION AVEC LES APPAREILS BAUDOT

Les essais de H. Abraham et R. Planiel ont été entrepris depuis 1919 en vue d'utiliser directement en radiotélégraphie le matériel *Baudot*, employé par un grand nombre d'administrations publiques pour la télégraphie internationale sur fils.

La transmission se faisait en commandant les émissions d'un poste à lampes par l'intermédiaire d'un relais Baudot de type normal, actionné par fil à la manière ordinaire. Les premiers essais à courte portée ont été réalisés dans les premiers mois de 1920 entre la Tour Eiffel et l'Ecole Normale Supérieure. Des essais définitifs ont permis, en avril 1921, d'opérer entre Nogent-le-Rotrou et Paris, soit sur une distance de 150 kilomètres (1). Le poste d'émission ne comportait qu'une seule lampe d'émission de puissance modérée et l'intensité du courant d'antenne ne dépassait guère 3 ampères. La portée pourra donc être augmentée sans aucune difficulté.

L'appareil employé a été un Baudot quadruple. On sait que, dans cet appareil, un distributeur faisant trois tours par seconde partage chaque tiers de seconde en quatre intervalles de temps égaux qui sont affectés successivement à autant de claviers de manipulation mis automatiquement en circuit au moment voulu. A chaque tour de distributeur, il est, en outre, envoyé sur la ligne un courant spécial

(1) La Western Electric Company a annoncé tout récemment, dans le premier numéro de son journal (*Electrical Communication*, août 1922), la création de lampes à trois électrodes capables de fournir 10 kilowatts et même davantage, à une antenne d'émission.

(1) H. ABRAHAM et R. PLANIOL, *Comptes Rendus*, 172, p. 1170, 1921 ; *Annales des Postes, Télégraphes et Téléphones*, juin 1921.

qui sert à synchroniser la rotation d'un distributeur semblable, placé au poste récepteur, et qui a pour rôle de répartir entre les quatre appareils imprimants les courants envoyés par les quatre claviers de manipulation. Entre les appareils d'émission des signaux et la ligne est intercalé le relais Baudot. Dans le cas actuel, le relais servira à agir non sur une ligne, mais sur la lampe d'émission : son unique rôle est de changer la tension de grille d'une lampe auxiliaire (du petit modèle ordinaire), qui est intercalée dans les circuits de haute fréquence, et qui, suivant la valeur de cette tension provoque ou supprime les émissions de l'antenne.

La réception se fait sur un cadre convenablement orienté. Deux circuits résonnants consécutifs, munis de bobines de renforcement, et réglés à une résonance aiguë, éliminent dans une proportion suffisante les brouillages et les parasites atmosphériques. L'amplification en haute fréquence, par un amplificateur à résistances, est suivie d'une détection, puis d'une nouvelle amplification des courants redressés. Pour faciliter les réglages en suivant la réception à l'oreille, il est nécessaire d'employer une hétérodyne. Mais les battements ne sont pas suivis d'une nouvelle détection : le relais Baudot de réception est attaqué directement par les courants de haute fréquence amplifiés, redressés, puis amplifiés à nouveau comme on vient de le dire. Des dispositifs de protection sont adaptés aux circuits récepteurs pour les protéger contre les inductions parasites dues, notamment, aux ruptures de courant produites par les relais.

On voit que l'ensemble du système télégraphique proprement dit ne comporte que les organes usuels du type Baudot. Le fonctionnement se fait à la vitesse normale de 120 mots à la minute dans chaque sens. La télégraphie sans fil n'intervient que pour actionner le relais de réception par la manœuvre du relais de transmission. De plus, grâce aux particularités de la synchronisation, celle-ci se maintient avec une perfection remarquable. Le système paraît donc capable de fonctionner, dès maintenant, sur des distances se chiffrant par centaines de kilomètres. Il aura l'avantage de pouvoir venir s'intercaler au milieu d'une transmission ordinaire par fils, sans qu'il soit nécessaire d'apporter aucune modification aux appareils existants. Son emploi paraît particulièrement indiqué pour doubler ou remplacer certaines communications par cables sous-marins ; le rendement de la transmission ne peut qu'y gagner.

B. — INSCRIPTIONS AVEC LES APPAREILS WHEATSTONE

L'adaptation des appareils Wheatstone à la transmision par sans fil a été réalisée par Creed en Angleterre (1). On sait que l'alphabet Wheatstone dérive directement de l'alphabet Morse et qu'il remplace simplement les points et les traits habituels par des combinaisons de trous percés dans une bande de papier mobile. A l'émission, la bande perforée passe entre des contacts qui établissent dans la ligne les courants de sens et durée convenables. A la réception, un translateur permet de convertir à nouveau les signaux reçus en points et en traits Morse ordinaires.

Dans le dispositif Creed l'émision de sans fil utilise directement les appareils Wheatstone existants. Le manipulateur ordinaire est simplement remplacé par un relais spécial pour les postes de plus de 6 kilowatts. Pour les postes moins puissants (2 kilowatts) on conserve le relais Wheatstone. Le rôle du relais consiste à agir sur une lampe à trois électrodes qui vient shunter le condensateur grille de la lampe d'émission.

Les dispositifs de réception sont plus originaux. Dans les essais primitifs qui ont été faits en Angleterre, ou entre

(1) On trouvera des renseignements détaillés sur les dispositifs Creed dans les publications suivantes : 1° Communication de M. CAMPBELL SWINTON à la Wireless Society de Londres le 18 novembre 1920, publiée dans *The Wireless World* du 11 décembre 1920 ; 2° FLEURAULT, « Un type perfectionné de télégraphe ultra-rapide », *La Science et la Vie*, juillet 1921 ; 3° CUSINS, Radiotélégraphie à grande vitesse, *Journal of the Institution of Electrical Engineers*, 60, p. 245, 1922, analysé dans *l'Onde Electrique* de juin 1922, p. 358.

Londres et Paris, l'antenne de réception est suivie d'un amplificateur à résistances à 5 étages, puis d'un amplificateur à transformateurs à trois étages, d'une lampe relais, de deux relais électromagnétiques, enfin d'un relais puissant à air comprimé qui perfore la bande d'un dérouleur en reproduisant les signaux Wheatstone transmis par l'autre station. Enfin, et c'est là la principale originalité du système, la bande perforée passe dans le *reproducteur Creed*, sorte de machine à écrire fort ingénieuse, mais à mécanisme compliqué, actionnée par l'air comprimé, et destinée à convertir les signaux Morse, traduits en signaux Wheatstone, en lettres ordinaires .

Ces essais ont été faits en novembre 1920 entre la Tour Eiffel et Londres. Des télégrammes transmis de Paris ont été inscrits correctement à Londres en caractères romains. La vitesse atteinte a été de 60 mots à la minute, mais peut atteindre le double et même le triple.

Des essais plus récents ont été faits entre Cologne et Aldershot. Les appareils étaient établis de manière à pouvoir venir s'intercaler dans une transmission ordinaire sur fils, et l'on s'est attaché à rendre la transmission comme la réception tout à fait automatiques. Afin d'atteindre le maximum de rapidité dans les communications, tous les relais mécaniques ou électromagnétiques ont été supprimés à la réception, à l'exception de celui qui actionne directement le récepteur Wheatstone. L'amplification est donc réalisée uniquement par des lampes : le circuit secondaire de réception, couplé directement avec le circuit d'antenne, est suivi d'un amplificateur haute fréquence à trois lampes, d'un tube relais, d'un amplificateur basse fréquence, enfin d'un système de deux lampes couplées avec le relais imprimeur, et destinées l'une à l'actionner, l'autre à le ramener au repos. On voit que ce montage, qui utilise presque exclusivement des lampes, rappelle par bien des côtés celui que nous avons décrit à propos des transmissions par le système Baudot. Ici aussi il est fait grand usage des lampes à réaction pour accroître l'acuité de la résonance et l'amplification est poussée à son maximum. Pour le détail des montages nous sommes obligés de renvoyer aux descriptions originales.

Les essais sont poursuivis actuellement en Angleterre, en Amérique, et en France.

C. — INSCRIPTIONS AVEC LES APPAREILS WESTERN

Les essais utilisant le télégraphe imprimant Western ont été entrepris en 1919 par les ingénieurs de la Western Electric Company en collaboration avec ceux de l'American Telephon and Telegraph Company entre New-York et Cliffwood (New Jersey), c'est-à-dire sur une distance de 40 kilomètres environ. Les signaux reçus à Cliffwood étaient retransmis par fil à New-York, de sorte que la réception imprimée se faisait à côté même de l'émission.

L'émetteur était un poste à lampes comportant 6 lampes de 50 watts chacune. Un relais polarisé du type Rainey était commandé par le distributeur habituel de ce système télégraphique, qui envoie des impulsions correspondant à des courants de sens alterné. L'action du relais était soit de rendre les grilles fortement négatives, ce qui arrêtait les oscillations, soit de remettre le poste en marche. Le poste mettait trois ampères dans l'antenne, la longueur d'onde était de 450 mètres.

La réception comportait 9 lampes d'amplification et était parfaitement syntonisée pour éliminer le trouble apporté par les nombreux postes à étincelles de la région. L'intensité du courant détecté à la réception était de 1 microampère, mais l'amplification était telle que l'on avait un courant de 20 milliampères pour actionner le relais qui commande l'appareil récepteur. Un courant de 2 milliampères aurait été d'ailleurs suffisant dans les conditions des essais. Les essais furent faits sur deux voies, à la vitesse de 45 mots à la minute par voie, pendant une heure. 29.000 caractères furent ainsi transmis et on ne releva que 40 erreurs imputables à la radiotélégraphie. Les oscillogrammes, relevés en même temps, montrèrent que les appareils imprimeurs auraient pu être employés à leur vitesse maximum, soit 200 mots à la minute, sans aucune difficulté, en utilisant les 4 voies de l'appareil (monté en quadruple). Nous renverrons, ici encore, au travail original (1) le lecteur curieux de se renseigner sur le détail du montage des circuits.

---

(1) HEISING, *Journal of the Franklin Institute*, 193, p. 97, 1922. Cet exposé est analysé dans l'*Onde Electrique* de septembre 1922 (p. 539).

CONCLUSION

Pour conclure cet exposé sommaire des procédés d'enregistrement des signaux de T. S. F. on peut se demander s'il est possible de prévoir dans quel sens ils vont évoluer.

En ce qui concerne l'inscription avec lecture acoustique (phonographe), elle pourra continuer à rendre des services pour les postes qui n'auront pas de prétention à l'exploitation commerciale. L'inscription au Morse pourra elle aussi rendre des services appréciables dans tous les cas où l'on s'attachera avant tout à la simplicité du fonctionnement, sans chercher une bien grande rapidité.

Les inscriptions photographiques et les inscriptions sur noir de fumée continueront sans aucun doute à jouer un rôle privilégié dans toutes les applications d'ordre scientifique. Elles n'ont d'ailleurs pas dit leur dernier mot dans les applications commerciales. La simplicité relative de leur réalisation leur permettra sans doute encore longtemps de concurrencer les procédés modernes les plus perfectionnés.

Cependant on ne peut s'empêcher de penser que l'avenir commercial de la radiotélégraphie est réservé actuellement aux inscriptions imprimant directement des lettres, comme en télégraphie ordinaire. Les divers essais que nous avons relatés, et qui avaient pour but d'adapter les appareils télégraphiques imprimants les plus usuels à la télégraphie sans fil sont tellement encourageants, que l'on peut envisager comme bien proche de la réalisation pratique les transmissions télégraphiques dans lesquelles on utilisera, indifféremment, sur certains tronçons des fils ou des câbles sous-marins, sur d'autres tronçons la radiotélégraphie.

On peut même dire qu'à l'heure actuelle, la réception, grâce aux brillants efforts techniques de tout un ensemble de chercheurs, se trouve en avance sur l'émission. Nous sommes en état de recevoir et d'inscrire les radiotélégrammes à telle vitesse que l'on voudra, et l'on imprimerait, s'il le fallait, dix mille ou vingt mille mots à l'heure. Malheureusement, pour obtenir de bonnes réceptions, il faut que l'on ait aussi de bonnes émissions, et il faut bien reconnaître qu'il n'est pas encore très facile, surtout pour les grands postes, de régler la manipulation pour des vitesses aussi considérables. Il faudrait aussi que la longueur d'onde des émissions fût rigoureusement constante pendant la durée d'une transmission, et aussi d'un jour à l'autre, ce qui n'est pas toujours parfaitement réalisé. Il faudrait enfin pouvoir s'affranchir plus complètement qu'on ne l'a fait jusqu'à présent des effets dus aux perturbations d'origine atmosphérique. On voit donc que de multiples efforts restent à accomplir dans les directions les plus variées. Mais ces efforts peuvent être envisagés avec confiance : les immenses progrès déjà accomplis laissent espérer que l'on triomphera sans trop de difficulté des obstacles qui subsistent. Nous assisterons sans doute dans un avenir très rapproché à la mise en pratique tout à fait courante des procédés d'inscriptions des signaux de télégraphie sans fil.

TABLE DES MATIÈRES

ORLÉANS. — IMP. P. PIGELET ET FILS ET Cie

www.ingramcontent.com/pod-product-compliance
Ingram Content Group UK Ltd.
Pitfield, Milton Keynes, MK11 3LW, UK
UKHW022128170726
13837UKWH00003B/1432